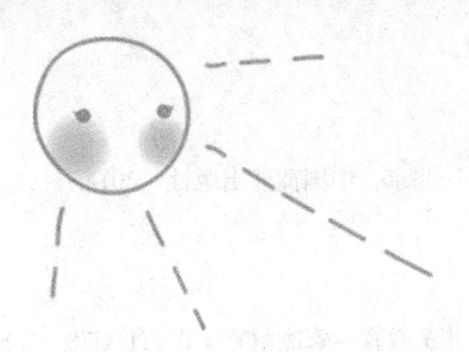

成长的礼物

（女儿篇）

苏世一 著

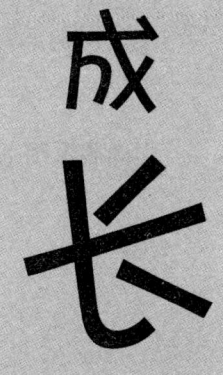

中国商业出版社

图书在版编目（CIP）数据

成长的礼物. 女儿篇 / 苏世一著. —北京：中国商业出版社，2014.12
ISBN 978-7-5044-8817-6

Ⅰ. ①成… Ⅱ. ①苏… Ⅲ. ①儿童教育—家庭教育 Ⅳ. ① G78

中国版本图书馆 CIP 数据核字（2015）第 001368 号

责任编辑：李爱华

中国商业出版社出版发行
010-63033100　www.c-cbook.com
（100053　北京广安门内报国寺 1 号）
新华书店总店北京发行所经销
北京建泰印刷有限公司印刷
* * * * *
710 毫米 ×1000 毫米　1/16 开　23.25 印张　320 千字
2015 年 1 月第 1 版　2015 年 1 月第 1 次印刷

定价：38.00 元
* * * * *
（如有印装质量问题可更换）

推荐序

　　欣闻我不到八岁的弟子苏世一要出书了，内心不胜喜悦，出书这个计划还是去年在苏世一成为我弟子的时候突然萌生的一个想法，我随即把这个想法与世一的母亲王芳女士做了积极沟通。这么小的孩子能写什么书？还能出版？世一的妈妈对这件事一开始感到很诧异，甚至表现出一副完全不相信的样子。我很确定的告诉她，你的孩子很优秀，如果能把关于她成长的故事写出来，我相信能激励到更多的孩子，书只是一个载体，成功跟性别无关、跟年龄更加没有关系。没想到后来王芳女士就非常支持我的想法，有了世一和世一妈妈王芳女士的共同努力，才有了这本书今天的问世。

　　世一去年寒假来上我的青少年和少儿品牌课程《一代天骄·青少年领袖口才训练营》的时候，我就发现了她的天赋，她是一个充满了灵性的小女孩，我很惊讶一个不到七岁的孩子怎么会有如此出色的表现，她很活泼，无论是在舞台上演讲或者是表演节目，她都丝毫不怯场，这是一般的孩子做不到的，经过后来的了解我才知道，这个孩子十四个月大的时候就开始登台表演了，而且不到七岁的她已经有了近百次的舞台经验，她不仅上台唱过歌、跳过舞，而且还主持过少儿节目，正是因为之前有了如此多的历练，不到八岁的她才能成为今天的演说小天才。

我更加佩服的是孩子的母亲王芳，我在做《经营孩子的智慧》演讲的时候经常说一句话：父母的高度决定孩子的高度，父母的格局决定孩子的结局。从母亲王芳的做法来看，这一句话在她身上得到了完美体现，母亲对于孩子的教育永远是：引导和激励。只要孩子喜欢，身为父母一旦发现孩子有这样的天赋就要大胆培养，为孩子更要舍得花钱。孩子的成长和成功其实跟钱没有太大关系，跟父母的决心和格局才有绝对关系！我从王芳女士身上看到了作为母亲的格局，也体会了作为母亲教育孩子的责任心。日后如何把这位普通的小女孩培养成了天才演说家，我更愿意绵尽薄力。

孩子如何从平凡到优秀、再从优秀到卓越？写到这里我不得不向你们再推荐一本书，那就是苏世一的母亲和女儿共同出版的另一本书：《成长的礼物·母亲篇》，这本书将告诉你世一的母亲王芳是怎么做到的，我认为《母亲篇》和世一的《女儿篇》是完美的结合，就像母亲不能没有孩子，孩子也不能没有母亲一样。在世一参加完我的训练营结束之后，我对世一的妈妈说孩子有演说和舞台表演方面的天赋，一定要好好培养，没想到世一的妈妈听了后特别激动，当场就请求我收她为弟子！《一代天骄·青少年领袖口才训练营》的课程在当时已经初具规模，每年寒暑假都会有一两千位来自全国各地的孩子来上我的课程，当时我还没有收过什么弟子，我是发自内心地非常喜爱世一，我也坚信我能把她培养成超级演说家，就毫不犹豫地答应了。就这样，世一成为了我的第一位女弟子，也是后来我众多弟子中年龄最小的一位弟子。

翻开这本书，里面的内容美不胜收，作者用了最通俗易懂的

语言和手法，描写了一位七岁的小女孩与众不同的心灵成长、心智成熟、追求梦想的经历和全过程，里面有上百个小故事，读起来格外轻松，不管对小孩还是父母来说，这都是一本不容错过的好书，不管是让孩子自己看，或者是孩子的爸妈来读，都能从书中萃取精华，并能够吸收其营养，孩子看了能受到激励，父母看了能找到方法，这才是给孩子、给家长最好的《成长的礼物》！

短短不到一年的时间，我了解到世一不断的变化，让我甚是惊喜，在这一年里，世一不仅和著名童星阿尔法同台演出过，她还上了很多电视节目，也拍了很多微电影，出了唱片，她的专辑唱片里面的有三、四首歌非常好听，书也即将出版，在这一年里，她跟着我走了几十个大大小小的城市，她跟着我一起去演说，孩子的演说能力也是大幅度提升。走到哪里都是别人羡慕的眼光和鼓励的眼神！我相信，给孩子经历和体验是对孩子最好的成长和收获！希望这本书能够激励更多的孩子，更希望这本书能唤醒更多的家长，因为家长改变了，孩子铁定就改变了，孩子改变了，也许整个家族的命运也就跟着改变了！

书中不足之处，还望读者朋友多多理解，毕竟，世一还是一个孩子。最后请大家带着发现、欣赏的眼光去拥抱书中的美好世界吧！

亚洲顶级演说家
慧宇教育集团董事长　王琨
2014 年 11 月 12 日

目 录

第一章　一岁前的故事

第一个故事	妈妈和爸爸的愿望	2
第二个故事	我"一百岁"了	4
第三个故事	语言天赋——六个月大开始说话了	7
第四个故事	有生以来的第一次比赛	8
第五个故事	人生第一课堂	9
第六个故事	宝宝毕业证	11
第七个故事	苏家有女初长成：一岁了	12

第二章　一岁时的故事

第八个故事	人生首秀——我登台表演了	16
第九个故事	学习小标兵	18
第十个故事	我喜欢当领队	20
第十一个故事	小小司机	21
第十二个故事	我的成长坐标——"霸权"主义	23

第三章　两岁时的故事

第十三个故事	蜗牛为什么爬得慢呀？	28
第十四个故事	妈妈，我也给你洗脚	30
第十五个故事	表演欲 & 表现欲	31
第十六个故事	我是玩具控	33
第十七个故事	三周岁生日心愿	36

第四章　三岁时的故事

第十八个故事	妈妈的烦恼	38
第十九个故事	哥哥，我好想你呀！	40
第二十个故事	妈妈我担心你	41
第二十一个故事	相亲相爱	42
第二十二个故事	妈妈，我不让她死	43
第二十三个故事	我是一个追求完美的人	44
第二十四个故事	人生第一次远游	46
第二十五个故事	妈妈，我错了	48
第二十六个故事	妈妈的幸福最容易满足	52
第二十七个故事	不到长城非好汉	54
第二十八个故事	我爱骑马	56
第二十九个故事	音乐晚会，我登台献花了	58
第三十个故事	"园长"的生日	60

第五章　四岁时的故事

第三十一个故事	我要当主持人	64
第三十二个故事	迟到风波	67
第三十三个故事	打破沙锅问到底	69
第三十四个故事	诚实守信的爸爸是我的榜样	71
第三十五个故事	梦的秘密	73
第三十六个故事	经　商	75
第三十七个故事	打碎了奶瓶的故事	78
第三十八个故事	苏氏披萨	80
第三十九个故事	河里滑冰很危险	81
第四十个故事	苏氏饺子	83
第四十一个故事	我心目中的爸爸、妈妈	85
第四十二个故事	我为自己搭建的舞台	87
第四十三个故事	玩具的意义	89
第四十四个故事	第一次游泳	91
第四十五个故事	第二次游泳	93
第四十六个故事	妈妈，我是个好孩子吗？	95
第四十七个故事	栽　花	97
第四十八个故事	勇于承担责任	99
第四十九个故事	钱并不是最重要的	101
第五十个故事	诺诺，对不起	103
第五十一个故事	捡烟头	105
第五十二个故事	我要让妈妈更漂亮	107
第五十三个故事	运动员精神	109
第五十四个故事	玩玩具的启示	111

第五十五个故事	马背上的勇敢女孩	113
第五十六个故事	奉献爱心 收获开心	115
第五十七个故事	我懂得了感恩	117
第五十八个故事	妈妈，我们不闯红灯	119
第五十九个故事	坚持！坚持！再坚持！	121
第六十个故事	分享快乐时光	123
第六十一个故事	我想让哥哥幸福	125
第六十二个故事	付出爱心 收获快乐	127
第六十三个故事	送给妈妈的诗	129
第六十四个故事	幸福的含义	131
第六十五个故事	累也快乐——坝上草原行	132
第六十六个故事	唐人街上快乐的小精灵	134
第六十七个故事	爱的表达	136

第六章　五岁时的故事

第六十八个故事	中秋节写给哥哥的话	138
第六十九个故事	赞美他人	140
第七十个故事	妈妈，你爱我吗？	142
第七十一个故事	和妈妈交换爱	144
第七十二个故事	雨中的故事	146
第七十三个故事	我学跆拳道（一）	148
第七十四个故事	我学跆拳道（二）	150
第七十五个故事	我学跆拳道（三）	152
第七十六个故事	让蜗牛有个温暖的家	154
第七十七个故事	雨中上学	155
第七十八个故事	第一次练乒乓球	157

第七十九个故事	我和妈妈看照片	158
第八十个故事	堆雪人	161
第八十一个故事	丰南五幼庆新年联欢会	163
第八十二个故事	我家的团圆饭	164
第八十三个故事	妈妈，你要尊重我！	165
第八十四个故事	好爷爷	167
第八十五个故事	换奖品	169
第八十六个故事	我要有自己的钱	170
第八十七个故事	我的头发	171
第八十八个故事	小朋友们儿童节快乐	173
第八十九个故事	我为舞台而生	175
第九十个故事	我学古筝	176
第九十一个故事	"驰"字的造句	177
第九十二个故事	呼伦贝尔大草原	178
第九十三个故事	义卖演出	180
第九十四个故事	舞台四姐妹	181
第九十五个故事	我第一次做升旗手	183

第七章　六岁时的故事

第九十六个故事	跆拳道升级了	186
第九十七个故事	我的理想	188
第九十八个故事	我会写自己的名字了	189
第九十九个故事	机会需要自己争取	190
第一百个故事	我的心灵在成长	192
第一百零一个故事	平安果	193
第一百零二个故事	新年礼物	195

第一百零三个故事	蒙面女侠	197
第一百零四个故事	全国少儿春节联欢晚会	199
第一百零五个故事	向志愿者说一声"谢谢"	201
第一百零六个故事	小主持人的排练	202
第一百零七个故事	录音棚	204
第一百零八个故事	我的烦恼	206
第一百零九个故事	我和毛主席像合影	207
第一百一十个故事	唐山少儿春节联欢晚会	209
第一百一十一个故事	玩沙子	210
第一百一十二个故事	我掉牙了	212
第一百一十三个故事	试　装	214
第一百一十四个故事	五幼新年晚会彩排	216
第一百一十五个故事	快乐的眼泪	217
第一百一十六个故事	我的音乐天赋	219
第一百一十七个故事	小小指挥家	221
第一百一十八个故事	我要做他们的妈妈	222
第一百一十九个故事	我的不听话	223
第一百二十个故事	妈妈的未来属于我	225
第一百二十一个故事	我的幸福	226
第一百二十二个故事	唐山民间艺人元宵晚会	227
第一百二十三个故事	我家的梅花	229
第一百二十四个故事	我喜欢吃牛排	231
第一百二十五个故事	我和妈妈去旅行	233
第一百二十六个故事	妈妈的兰花	234
第一百二十七个故事	观察的心	236
第一百二十八个故事	我的心愿	237
第一百二十九个故事	明星幼儿园	239

第一百三十个故事	我长大了	240
第一百三十一个故事	小园长	241
第一百三十二个故事	照片背后的故事	242
第一百三十三个故事	我的妈妈是政协代表	243
第一百三十四个故事	幼儿园里来了大领导	244
第一百三十五个故事	妈妈说我知道学习了	245
第一百三十六个故事	我的妈妈	247
第一百三十七个故事	流泪的心	248
第一百三十八个故事	卡拉OK大赛（一）初赛	249
第一百三十九个故事	卡拉OK大赛（二）复赛	250
第一百四十个故事	卡拉OK大赛（三）	251
第一百四十一个故事	卡拉OK大赛（四）	252
第一百四十二个故事	心疼妈妈	254
第一百四十三个故事	三条鱼的故事	255
第一百四十四个故事	献给妈妈的爱	257
第一百四十五个故事	安全教育歌谣	258
第一百四十六个故事	我给小侄儿做菜	260
第一百四十七个故事	课外训练班	261
第一百四十八个故事	动手做蛋糕	263
第一百四十九个故事	上网学知识	264
第一百五十个故事	我和妈妈的对话	265
第一百五十一个故事	小侄儿出生了	266
第一百五十二个故事	血脉真情	267
第一百五十三个故事	我生病了	268
第一百五十四个故事	李老师病了	270
第一百五十五个故事	我越来越喜欢我的小侄儿了	271
第一百五十六个故事	晒食谱	273

第一百五十七个故事	我不怪妈妈	275
第一百五十八个故事	我和明星合影	277
第一百五十九个故事	我学自由泳	279
第一百六十个故事	妈妈的富养女的观念	281
第一百六十一个故事	不和小侄儿争宠	282
第一百六十二个故事	妈妈做的蛋糕最好吃	283
第一百六十三个故事	我养的蚕宝宝	284
第一百六十四个故事	和我同龄的梧桐树	286
第一百六十五个故事	马术夏令营	288
第一百六十六个故事	"梦想中国"精英赛唐山赛（一）预赛	290
第一百六十七个故事	"梦想中国"精英赛唐山赛（二）复赛	291

第八章 七岁时的故事

第一百六十八个故事	我是小学生啦	294
第一百六十九个故事	妈妈寄语	296
第一百七十个故事	我给妈妈拔针头	298
第一百七十一个故事	我的粉丝	299
第一百七十二个故事	一分耕耘一分收获	301
第一百七十三个故事	新春联欢会	302
第一百七十四个故事	最好的奖励	303
第一百七十五个故事	王琨老师：点燃我演说家梦想的人	305
第一百七十六个故事	我坚定了当演说家的梦想	307
第一百七十七个故事	我的梦想	308
第一百七十八个故事	妈妈我喜欢上台演讲	309
第一百七十九个故事	妈妈的培养	311
第一百八十个故事	我的自信	312

第一百八十一个故事	《妈妈的鼓励是腾飞的翅膀》	313
第一百八十二个故事	帮助有困难的小姐妹	315
第一百八十三个故事	我的选择	317
第一百八十四个故事	参加《一代天骄·青少年领袖特训营》	318
第一百八十五个故事	演说家的梦想	320
第一百八十六个故事	妈妈给我的爱	322
第一百八十七个故事	帮妈妈做家务	324
第一百八十八个故事	我的海南之行	326
第一百八十九个故事	车站迎接王琨老师	328
第一百九十个故事	我生命中最重要的人	330
第一百九十一个故事	妈妈的苦心	331
第一百九十二个故事	独自完成任务	332
第一百九十三个故事	认识阿尔法	334
第一百九十四个故事	我沉浸在学习的喜悦中	335
第一百九十五个故事	感恩别人	336
第一百九十六个故事	我参加安徽卫视《超级演说家》	337
第一百九十七个故事	感恩母亲节	340
第一百九十八个故事	追逐老师的脚步	341
第一百九十九个故事	走火大会	343
第二百个故事	我的个人专辑	345
第二百零一个故事	天使梦想助飞计划——走进唐山公益义演	347
后　记		351

第一章　一岁前的故事

YI SUI QIAN DE GU SHI

第一个故事
DI YI GE GU SHI

妈妈和爸爸的愿望

亲爱的女儿：

虽然妈妈的文采有限，但还是想为你记下你成长的点点滴滴，让你长大后，能更详细地了解你经历的幸福快乐的幼儿生活。

2006年9月7日上午9点43分唐山利明医院，在全家人焦急地等待期盼中，你降生了，体重6斤，身高47CM，生命因爱而生，你的到来圆了多年以来父母想要一个女儿、哥哥想有一个妹妹的心愿，所以你的乳名叫"心圆"。我们希望你是世界上最幸福的女孩，妈妈给你起名"苏世一"。

这是我的妈妈在她写给我的成长日记中的第一篇文字，我的出生寄托了爸爸、妈妈和哥哥的美好愿望。我就像一个上天赐予的精灵，还没有出生，我就身集万千宠爱。我觉得我就是一个小公主，我太幸运、太幸福了！我在这里要感谢我的爸爸和妈妈，是你们带我来到了这个世界，是你们为我睁开了看世界的眼睛。无论在什么时候，我都会铭记爸爸、妈妈的爱。爸爸、妈妈、哥哥我爱你们！

爸爸、妈妈是渡我的船，我要用心来感恩他们，要用爱来呵护他们。

亲爱的小伙伴们,你们想不想看看我这个叫心圆的姑娘出生时是什么样子的?嘻嘻,还是很靓的!

哈哈,看我是不是很"亮"?哭声嘹亮!!我就是要与众不同嘛!这也是我良好的先天条件,我的嗓音嘹亮!听妈妈说,我小时候哭的时候,房间都有回音。嘻嘻,有些惊世骇俗了!!

第二个故事
DI ER GE GU SHI

我"一百岁"了

时间就在妈妈每天的劳累中飞快的流逝了,但时间并没有真的消失,它以另外的形式积累到了我的身体中,我不断地长大了。而且,我能够层出不穷地展现我的天赋神通了!比如,我能咬人了。呵呵,那可能是要出牙的缘故吧。比如,我能听懂音乐了。那音乐真动听呀。咦,什么东西这么香?快关掉音乐,我要吃,我要吃~~~唉,看来,物质粮食还是比精神食粮有诱惑力呀!但是,不管怎么样,我都茁壮地成长起来了。因为,我"一百岁"了!我是"老奶奶"了,孩儿们快来给"老奶奶"祝寿呀!哎,可惜,我这个"老奶奶"还不会说话呢!怎么回事?呵呵,我是一百天了!一天一岁,爸爸、妈妈向上天祈福,顺祝我长命百岁!谢谢爸爸、妈妈!你们也一定能够长命百岁!

快看看我的"百岁"照片吧!一定雷到你们!呵呵!先看我的"英雄婴儿照"!

这就是我,一个百变千颜的可爱精灵!虽然现在已经记不起当时的情景了,但是,我要感谢我的爸爸和妈妈。是他们给我留下了如此珍贵的人生片段,使我的一生都如此的完整。虽然我还小,但是,我现在也能非常明白这是爸爸、妈妈对我的爱。亲爱的小伙伴们,你们是不是也有和我同样的人生留念呢?我们这些爸爸、妈妈的掌上明珠们,也一定要时刻牢记

第二个故事 我"一百岁"了

你们看我两眼注视前方,匍匐于地,头发蓬乱,脸上带着蔑视一切的微笑,是不是一副英雄儿女的姿态!

再看这一张,是不是有亚热带雨林风情?我就似新加坡的公主一样,花团锦簇,似水柔情!哈哈!

啊~啊~,雅典娜公主在引吭高歌,羡慕死你们呀!哈哈,有没有明星范儿啊!

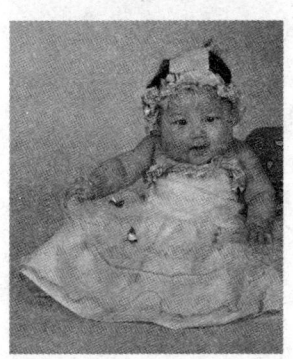

再看这一张,哈哈,是不是有点小傻妞的样子。不是的,我一点也不傻,我是有大唐公主的雍容!嘻嘻!

爸爸、妈妈给我们的爱呀！现在就去亲亲他们吧，让他们知道我们也是同样爱他们的。加油呀！

这就是我的妈妈，是在我"百岁"那天抱着我照的。只要有妈妈抱着，我就不会哭闹，你们说我是不是特别的懂事呀！看妈妈和我笑的多开心！我希望妈妈能一直这么高兴，我愿意永远做你的天使！

每当我看着妈妈写给我的"女儿成长日记"时，我都会对妈妈为我付出的劳累而感到心疼的。虽然妈妈总是说，"累并快乐着"，但是，我就是有一种心疼的感觉。谢谢妈妈、爸爸。小朋友们，你也来谢谢你们的妈妈和爸爸吧！

所有小时候的可爱，其实都是爸爸和妈妈爱的表现，我们一定要时时刻刻记住他们的爱，表达对他们的爱！

第三个故事
DI SAN GE GU SHI

语言天赋——六个月大开始说话了

"爸爸——妈妈——哥哥——"六个月大时，我开始说话了。厉害不厉害？！我在想我在那么小的时候就开始有意识地开口讲话了，是不是我真的就对语言有特殊的敏感度呢？妈妈说，我女儿就是厉害，最先发育专管语言的大脑！呵呵，我内心窃喜。只不过在那个时候，妈妈也没有想到，她的女儿在几年之后真的就对语言这门艺术产生了浓厚的兴趣。并且下定决心在语言这肥沃的土壤中精耕细作，播撒希望的种子，期盼着生根发芽并能茁壮成长。

> 上天赋予的能力，也需要后天的追求，才会有开花结果的希望。

第四个故事
DI SI GE GU SHI

有生以来的第一次比赛

我现在很喜欢比赛，参加各种比赛是非常令我兴奋的事。妈妈告诉我，我有生以来的第一次比赛就是参加唐山第三届贝因美杯五项全能宝宝大赛，那个时候我八个月大。八个月大是多大？嘿嘿，估计不大点。因为我现在也不大。妈妈说我在比赛的时候，是无组织无纪律的，从来就不按规矩出牌。哈哈，其实那是天性使然。我就是不爱受约束呢！不过，妈妈可是不理解我，在她的"女儿成长日记"中写道："虽然所有参赛项目对你来说都非常容易，但和那些在东方爱婴早教中心参加培训的孩子相比，你显得没有纪律，没有竞争意识，妈妈感到你和他们有明显的差距，所以毫不犹豫的给你在东方爱婴报了名。"于是，我就开始了我的人生第一课。九个月大，我在妈妈的安排下，睁着探究世界的眼睛，开始了我人生的第一次课堂。

我的感悟：

> 我感谢妈妈能让我在很小的时候，就让我参加各种活动，这让我从小就得到了锻炼和打磨。这可能就是我现在爱上舞台的源起吧！

第五个故事
DI WU GE GU SHI

人生第一课堂

因为一次比赛，我开始了上课的生涯。我是不是要比很多小伙伴们上课的年龄早很多？我的人生第一课是从九个月大时开始的。刚刚去的时候，妈妈说我适应得非常快，只用了一两节课的时间就和其他小伙伴们玩到一块了。虽然那个时候，大部分的小伙伴们只知道爬，可是玩得也是相当的开心。呵呵，傻开心！因为我现在回忆不起来那个时候的事了。所以，我觉得那个时候肯定就是在自我陶醉，沉静在自我的思想世界里。不过，妈妈说，我成长得可是非常的快。主要是对新环境的适应能力特别的强。对！我完全赞同这一点，到现在为止，我无论到什么地方，我都能够很快地适应过来，同时，也会很快地喜欢上那里。这也许就是天生的能力，也许是和我从小在懵懂的时候的锻炼有关系。所以，我亲爱的小伙伴们，你们也应该试着在新的环境中锻炼自己，让自己真正融入到新的环境中，让自己放松，让自己喜欢上那里。这样，你就不会害怕了！我现在无论到什么地方，我都不会害怕。而且计划在我十岁的时候，完成我的独自旅行！大家期待着呀，祝福我吧！

特别值得一提的是，我在上课的过程之中，接触到了人生中对我来讲非常重要的四本书：《王老先生有块地》、《看我摸》、《熊宝宝够蜜蜂》、《我和月亮藏猫猫》。我在当时是看不懂这些书的内容的，但是，我能够认出

这四本书中的插图。妈妈告诉我，只要她说出书的名字，我就能够马上找到相应的那本书。妈妈高兴坏了。妈妈对我说，只要有了书和音乐，我安静得像家里的君子兰，快乐得像个小天使！

我的感悟：

> 人生第一课的开始很重要，我受益匪浅。

第六个故事
DI LIU GE GU SHI

宝宝毕业证

嘻嘻,想知道我学习的成绩吗?那好吧,我就晒晒老师在我毕业证上的评语吧!老师在记录表中写道:"老师很喜欢你,也很幸福能成为你成长的见证人!你能扶着东西走得很好,会捏扣子、花生并可以把它们装进瓶子。会模仿擦鼻子、梳头。喜欢把东西藏起来,伸出手说:没。会边听音乐边拍手、摇头。喜欢上课时学习童谣。喜欢敲木琴,敲不同材质的碗。很爱随着音乐做体操。出去玩时自己会找鞋子、帽子。你是一个各方面都很优秀的宝宝。希望你能健康、快乐、自信的长大。"写的太实在了,我就是这样一个优秀的孩子呀!哈哈,有些没羞了!不过这本宝宝毕业证却是我一生的纪念,我会一直保存着它。

宝宝毕业证虽小,但却是我懵懂时的记忆。这是值得一直珍藏的。所有的小伙伴们,你们也一起来珍藏记忆吧。

第七个故事
DI QI GE GU SHI

苏家有女初长成：一岁了

2007年9月7日，我的生日，我一周岁了。由当初的光屁股小孩出落成一朵花了。嘻嘻，真的。等会，我会给大家看几张照片，你们一定会认为我就是一朵花的。那天，我太高兴了。因为，爸爸、妈妈给我买了好多的生日礼物。同时，还有妈妈幼儿园里的姐姐们一同给我过生日。尤其是小田姐姐给我买了生日蛋糕，我们玩的可开心了。爸爸还送给了一个特殊的礼物，就是带我到专业的照相馆拍了很多照片，让我这个万人迷过足了瘾。等不急了，我先给大家秀几张，让大家评评是不是很有范儿！

嗨，大家好，我是苏世一，今天一周岁了。我喜欢看书、听音乐，玩玩具，还喜欢表演。希望大家喜欢我、支持我。谢谢！哈哈，是不是相当有明星范儿！

我那眼神绝对不是盖的，英气逼人，微笑甜美，洒脱干净。哎、等等，我怎么觉得这个姿势这么眼熟呢！

这是我在妈妈的"女儿成长日记"中找到的。没想到我在那么小的时候就有如此范儿,我真的很为自己感到自豪。哈哈!真好玩。小伙伴们,你们的相册里是不是也有明星范儿的照片?快找出来我们比赛一下,看看谁的气场足。下面这张就是我和妈妈在我一周岁时的留念:

亲亲小宝宝,就像妈妈经常说的那样,我就是她心头的一块肉,我的健康快乐地成长是她最大的心愿。我真是太爱我的妈妈了!

我的周岁生日,快乐的是我这个不懂世事的孩子,辛苦的是我可爱的爸爸、妈妈。在我七周岁的时候,在我写的这本书里,我要为我的爸爸、妈妈献上我迟来的祝福:爸爸、妈妈你们辛苦了,我爱你们!

当我们尽情享受快乐和无忧无虑的生活时,一定不能忘了爸爸、妈妈对我们的无微不至的关怀。因为是他们为我们撑起了一片蓝天。

第二章 一岁时的故事

YI SUI SHI DE GU SHI

第八个故事
DI BA GE GU SHI

人生首秀——我登台表演了

我人生的首秀是在唐山市东方爱婴早教中心。那个时候，我十四个月。那台节目我准备的非常充分。妈妈说，我有一些和别的孩子不一样的特质，最明显的特质就是不害怕。妈妈说，我在表演的小演员中是年龄最小的，但却是最胆大的一个。我上台去一点也没有出现失误，还把节目表演的相当出色。那个时候表演的是小天鹅舞。面对那么多的小伙伴、老师，还有小伙伴的爸爸妈妈们，我一点也没有觉得害怕，反而觉得特别有意思，还特别地兴奋呢！还有一个特质就是，我很会表演。嘻嘻，这可能和我平时和妈妈谈判要达到自己目的所使用的手段有关系。比如，我想要一个玩具，妈妈不给买，那我就要使出手段开始表演了，光哭不掉泪，还要大声嚷嚷。哈哈，一表演，准能达到目的。所以，我的表演天赋还是得益于妈妈呢。妈妈，你以后还要多锻炼我呀！呵呵，我不会再惹妈妈生气了，我知道我原来的行为是不对的。妈妈，在这里我向你道歉，妈妈我错了，我以后绝不会再惹你生气了！还有最后一个特质，就是有礼貌。妈妈告诉我，我上台和大家打招呼，然后介绍自己，表演完还不忘了再给大家鞠躬。在场所有的人都为我鼓掌，夸我是一个大方、懂礼貌的好孩子。我心里甭提有多美了。我的人生首秀圆满成功了。在这次表演中，妈妈发现了我对表演的喜爱，对舞台的喜爱。在这里我真的要感谢妈妈，因为是妈妈为我铺就了以后的表演之路。如果没有这次的表演，如果没有妈妈的慧眼，我的喜爱和理想都可能不复存在。

妈妈，我再次感谢你，我现在因为舞台而幸福、因为表演而充实！

我的感悟：

> 我通过一次偶然的表现，妈妈发现了我的特质，为我铺就了表演之路。那么是不是还有很多的小伙伴们同我一样也有这样和那样的特质等待着去发现和开发呢？

这是我表演结束后妈妈和我一起拍照留念。妈妈说，她看到我小时候的表演，兴奋得好几天都睡不着觉，好像发现了"新大陆"一样。妈妈那时候就下定决心，要让我在舞台上闪光。

学习小标兵

　　我爱学习，从很小的时候就是如此，直到现在，我从来没有因为不爱学习而让爸爸妈妈操心。有一次，我生病了，已经连续两次没有去早教中心上课了。我非常惦念老师和课堂，一个劲儿的和妈妈叨念"上课，上课"。妈妈喂我药，我怎么也不吃，逼的妈妈没有办法了，灵机一动，对我说："宝宝，快吃吧，吃完药我们去上课。"这一招还真灵，我乖乖地就把药吃了，即使很苦也无所谓，妈妈特别的佩服我。早教中心的老师对我的吸引力实在是太大了，去上课是我每天都期待的事。2008年3月1日我终于可以去上课了，当然表现得非常棒。当我积极和老师小朋友握手时，高兴之情溢于言表。我真的喜欢课堂，这和一些小朋友的表现是不是不太一样呀？有好多小朋友不喜欢上课，为什么呢？上课多好呀，可以懂得好多原来不懂的事情，可以做游戏，可以学唱歌，可以跳舞。呵呵，反正我是非常喜欢。如果哪一天不和小朋友们在一起，我会感觉很不舒服的。我爱学习！

　　有一本书叫《小熊比尔和爸爸的故事》，我从这本书里学到了我一生都不会忘记的道理。书中有一幅熊爸爸生气了，小熊安慰爸爸的图片。我看到后，幼小的心灵非常自然的就受到了感染。我不由自主的就搂着妈妈又是贴脸，又是亲。虽然我不会直接表达，但是我的本能在亲近着妈妈，安慰着妈妈。从那以后,妈妈每次生气,我都是学着小熊的样子哄妈妈开心。我觉得这本书真是给了我特别大的帮助。小朋友们,如果你们的爸爸妈妈生气了,你也可以这样安慰他们,那样爸爸妈妈就不会生气了。

我对音乐的喜爱与日俱增,一天大部分时间都是听音乐,随着音乐手舞足蹈,也会随口跟着哼唱。妈妈给我报了音乐班,我真是开心死了,一点也不会觉得累。我真幸福呀!可是,有一件事非常的遗憾,就是我对彩笔过敏。只要我的皮肤一接触到彩笔,就会马上肿起来。这可把妈妈吓坏了,又是给我涂药又是给我吃药这才好了。哎!看来,我与画家无缘了。

我爱学习,爱学一切我未知的东西。以前如此,今后,更会如此。

学习是一件非常快乐的事,我愿意永远学习下去。

第十个故事
DI SHI GE GU SHI

我喜欢当领队

我很早的时候，妈妈就已经把我带到幼儿园了。妈妈是幼儿园的园长，所以我在很小的时候就融入了幼儿园。我在幼儿园学习很多知识，我会唱歌、跳舞、做游戏等等，不过我最喜欢的是当领队。领队就是小伙伴们的头儿了。无论干什么事，我喜欢带领和组织小伙伴们去做。我觉得这种感觉特别棒。在唱歌的时候，我是领唱，或者是指挥。我能够用稳定的四分音符拍手，老师说我是小小指挥家。在跳舞时，我喜欢和老师一起跳，所以，每次跳舞我都会抢着和老师配合着跳。音乐课上，我学野马奔跑时很带劲，跳舞时主动拉老师的手围圈圈，老师敲木鱼时，我也跟着模仿，学扭扭虫时，我在地板上扭的样子特别可爱。别的宝宝总是和妈妈在一起，我喜欢要老师抱，不许老师抱别的宝宝。哈哈，我是不是太霸气了。当领队不霸气点怎么行？不过妈妈说的也对，我不能太霸气了，我要学会爱护、团结、帮助小伙伴们。因为，他们是我的同学和朋友。

我的感悟：

> 我喜欢当领队，那么就要有爱护、帮助、团结同学和朋友的心态。

第十一个故事
DI SHI YI GE GU SHI

小小司机

在我十八个月大的时候,妈妈说我长大了。为什么呢?因为每当妈妈带我出去玩儿的时候,我都会主动地和别人打招呼了。也许这就是妈妈说我懂事了、长大了的原因吧。不过我喜欢这样,因为,只要我和他们打招呼了,他们就会狠劲地夸我,夸我又聪明又漂亮,又懂事。嘻嘻,小骄傲一下。我能够感觉得到在他们夸我时,妈妈由衷地高兴。不过,我也是让爸爸妈妈很为我操心的。我喜欢玩,每天都要出去玩儿,天黑了才回家。我也特别喜欢运动,荡秋千、跑步、玩滑梯,不过我最喜欢的就是当司机。但这对于我来讲是一个很费力气的活儿,因为,我的个子太矮了。我知道开汽车要踩油门,所以,我都是站在座位前双手抓着方向盘,脚下伸着踩油门的,这比我的什么玩具都好玩。有的时候,爸爸开车时,我都争着去抓方向盘,可是爸爸坚决不让,只有停下车时才让我过过瘾。真没劲,等什么时候,我偷偷地开一回。呵呵,不知道会不会把爸爸妈妈吓坏了。哎,这种机会估计是没有呀。不过,汽车对我来说可是一个新鲜的大玩具,我一定要好好的研究研究!哈哈!我虽然小,但是我的学习成绩可是相当的优异。晒晒我的毕业证,六本了!星星班、星光班、月亮班、月光班、同奏班,PAT探索课程。怎么样?这就算是我一岁半时的结业汇报吧!

成长 的礼物

我的感悟：

> 我对司机是非常向往的，因为我想驾驭它。

看看我家的大汽车，我就是喜欢它呀！呵呵，厉害吧！你们说我在那么小的时候来开这种大汽车的话是什么样的感觉？！啊啊，不想了，不想了，怪吓人的！呵呵。看，我们一家三口的合影照，有创意吧？可惜就是少了哥哥。

（女儿篇）

第十二个故事
DI SHI ER GE GU SHI

我的成长坐标——"霸权"主义

妈妈告诉我,我在很小的时候就知道我的东西是不允许别人碰的,我要做的事就必须达到目的,妈妈说这就是自我意识的苏醒。自我意识的苏醒,我不是太明白。但是,我从直接的角度看,就是我的"霸权"主义的苏醒。妈妈在"女儿的成长日记"中写道:"亲爱的宝贝,妈妈现在很欣喜,也很无奈,你懂得的事情太多了,超出了你这个年龄该懂的很多,你也太有主见了,自己想干什么就干什么,不达目的不罢休。不论怎么分散你的注意力,都不能让你改变主意。有时,妈妈实在生气了,就拍一下你的小屁股,你会记半天,不停地说:'妈妈打、妈妈打。'"

"宝宝,你现在二十一个月了,自我意识非常强烈,有很明显的占有倾向,不许别人摸你的东西,更不许别人摸你的脸。一次,一个阿姨摸了你一下,你气得自己打自己的脸。你不让妈妈枕你的枕头,你的枕头是蚕沙的,蚕沙能明目醒脑。妈妈用8个小枕头给你拼了一个长方形的大枕头。不论你怎么翻身,头都不会掉到枕头下去。你习惯躺在床上,一边眯着眼,一边用手抚摸着光滑的枕头。无论是图案多么好看的枕头,也不能吸引你。你把自己的东西看得很紧,生怕别人拿走。如果有谁惹了你,摸了你的东西,你就扬着手,一副要打人的样子。你吃不了的东西,宁可扔进垃圾桶,也不给别人吃。妈妈给你讲了很多道理,你很认真地听,也

答应着，就是到时候做不到，真是拿你没办法。你哥哥三番五次地问我：'妈妈，小妹为什么会这样呢？'你的所作所为让你读高中的哥哥都感到困惑。"

"女儿，这段时间你的思想意识发展很快，不论什么事都想以自己为中心，这可不太好。三件事让妈妈感到问题的严重性：1.你想要的东西必须要得到，即使妈妈换多少个理由也不行，在很多时候妈妈只有依着你，不依你的时候，即使过了很长时间，你还会旧话重提，还是想要。有人说，人的欲望是天生的，妈妈可不想你这样，在以后对你的教育中这恐怕是个难题。但你最大的优点就是爸爸妈妈只给你买一个就行，从不贪婪，这一点最让妈妈感到欣慰。2.你什么事都要自己做，比如你想喝水，如果是妈妈递给你你就不喝，让我送回去，自己再去取。自己的事情自己做虽然是好事，可有时候你会干的一塌糊涂。3.美丽的谎言，明明是自己做错了事情，还告状是哥哥干的。这时我会教育你，宝贝这样可不行，错了要勇于承认错误妈妈不会批评你的，千万不能说谎话。虽说你的这些特点都是小孩子成长所经历的，可妈妈依然担心。但我相信女儿将来一定是一个品行兼优的好孩子。"

类似的事情还有很多，我就不再一一摘抄了。现在回忆一下，我能够模糊的记起一些事情了。为什么在当时会做出这些行为呢？我回答不了，但是我可以告诉大家，我当时的直觉就是要我那样做，所以我就做了。这可能就是我的霸权主义吧，也就是妈妈口里的自我意识的苏醒吧。但是，有一点可以肯定的就是我在那个时候是长大了，也应该是我成长的里程碑，因为我在那个时候有了自我意识了。好吧，这个问题太沉重了，已经不是我能够说的明白的了。但是，我要为我的成长喝彩。最起码，我不是小傻子，因为我知道我的就是我的，别人是不能碰的。虽然有一点自私的问题，小孩子嘛，可以原谅！呵呵。

不过在那个时候，我还是有超越其他小伙伴的表现的。有霸权表现，也有成绩斐然嘛！比如妈妈在日记中写道："现在，你已经可以分清你、我、她、左、右、上、下、来、去、向后转、齐步走。这些，对于一个十九个月的孩子来说是不太容易的。看到你摆着小手说'爸爸来，妈妈去'的时候，妈妈真的是哭笑不得。因为爸爸比妈妈娇惯你，所以你大部分时间都找爸爸。你开始认字了，心情好的时候，两三遍就能记住，不耐烦了就说不知道、不知道。你对英语很有天分，教你几遍就能记住。身体的各部位能流利地说出来，小动物的也能说几个，真的很棒。你现在玩滑梯轻松自如，蹦蹦床跳得也很好，自己会穿裤子，只是提不太好。都说爱美是女孩的天性，一点儿也不假。你太喜欢带颜色、带花儿的衣服，到商场就拉着妈妈去买。到超市你会自己付账，如果妈妈说没钱你会乖乖放回去。你现在每天都要到儿童娱乐城去玩儿。每次都能找到你想要探索，感到好奇的玩具。坐摇摆机时会自己投币。鲁迅说过，玩具是儿童的天使。妈妈说，你是快乐的天使！"

"你迷上了坐电梯，去游乐园。最近，手足口病闹的很厉害，怎么劝你都不行，就是要坐电梯，摇摆车。没办法，妈妈只好多带一些消毒湿巾。商厦一到四层的阿姨几乎都认识你了，你能主动和认识的阿姨打招呼。你跳舞地动作比以前进步很多，能和中班大班的小朋友一起上课，做游戏，认真的程度超过了比你大的小朋友。每次上课回来，总能向妈妈讲一些学到的东西。其实你是在炫耀，总是问我：'妈妈，我讲的好不好？''好！''真的好吗？''真好！'你会露出满足的微笑。有时扑到妈妈怀里撒娇，一副害羞的样子。"是不是？我也不是太招人烦，也是挺可爱、挺优秀的？瑕不掩瑜，多看我好的一面吧！嘻嘻！

我的感悟：

我的调皮不一定就是坏事，就像妈妈说的那样，自我意识的苏醒。是不是就是性格开始形成？很深奥的！

第三章　两岁时的故事

LIANG SUI SHI DE GU SHI

第十三个故事
DI SHI SAN GE GU SHI

蜗牛为什么爬得慢呀？

这是我第一次对妈妈提出问题。

我喜欢蜗牛，因为在我的书里面总有蜗牛的身影。但是，我一直都没有看到过真正的蜗牛是什么样子。所以我缠着爸爸妈妈好多次了，让他们给我找蜗牛。但是，他们一直没有给我找。直到有一次，我感冒刚刚好又犯了胃炎。2008年10月21日，半夜下起了小雨，直到清晨五点还在下。我醒了后，感觉非常地难受。爸爸冒雨连着敲了几个药店的门，才买来了适合我吃的药，还给我捡来了念叨了很久的蜗牛。妈妈把蜗牛装在盒子里，看着它慢慢地爬啊爬啊，我开心地笑了，疼痛仿佛减轻了很多。看着蜗牛，我很纳闷，蜗牛为什么慢慢地向前爬呢？我就问妈妈："蜗牛为什么爬得慢呀？"妈妈告诉我说，因为它背着重重的壳，所以爬得慢。我一下子就明白了蜗牛爬得慢的原因，我就立刻说："妈妈，把它的壳拿下来吧，别让他背着了。你看它多累呀！"我一边说一边模仿着蜗牛慢慢地爬。妈妈说，那是蜗牛的房子。蜗牛无论爬到哪里都要背着它的房子，是不能拿下来的。哦，我终于明白了，蜗牛是背着房子在爬的，所以就慢了，蜗牛真可爱！

我的感悟：

> 我要向蜗牛学习，不怕苦、不怕累勇往直前。

第十三个故事 蜗牛为什么爬得慢呀？

第十四个故事
DI SHI SI GE GU SHI

妈妈，我也给你洗脚

我非常地爱我的妈妈，但是我不知道怎样才是爱妈妈。直到有一次我和妈妈一同看电视的时候，看到了一则非常感人的广告片：一位妈妈端水给奶奶洗脚，一个小哥哥在门边看到后，就去打水给他的妈妈洗脚的事。那个小哥哥说："妈妈，洗脚。"他的妈妈一脸慈爱，一脸感动。"我也要给妈妈洗脚。"这是我从心底发出的心愿。于是我搂着妈妈，在她的耳边说："妈妈，我给你洗脚吧。"妈妈一下子激动了起来，抱住我，"我闺女长大了！"妈妈搂着我亲了又亲，说："我闺女还小，妈妈自己洗。"我说："等我长大了就给妈妈洗。"我还说："等我长大了还给妈妈洗头。""等你长大了，妈妈就变老了。""那我领着你走路，我给你做饭，我还给你买好吃的。"我的妈妈眼里竟然泛起了泪花。妈妈，你不用这样，这是我应该做的。

我的感悟：

我只要懂事一点，妈妈就会感动半天。这些事都是我应该做的。

第十五个故事
DI SHI WU GE GU SHI

表演欲 & 表现欲

可能是妈妈自小对我的锻炼,我有着天然的表演欲和表现欲。你们知道我最爱做的事是什么吗?扮演孙悟空!真的,我特别喜欢孙悟空打坏人、打妖精。小伙伴们你们呢?不过可别学我。有一次,我越玩越兴奋,已是深夜一点多。妈妈实在是坚持不住了,躺在床上昏昏欲睡地样子。我一看机会来了,"妖精,吃老孙一棒。""砰"一下,打在了妈妈的身上,妈妈一下子就醒了。我高兴坏了,非缠着妈妈一起来玩。我的妈妈真是天底下最好的妈妈,一点也没有生气。她强打起精神和我一起玩。每次我都让妈妈扮演坏人,我伸张正义将坏人"打死"。妈妈一下子就躺在了床上装着让我给"打死"了,我高兴地跳得老高。妈妈还一个劲儿地夸我,说我已经把善恶分得清清楚楚,而且很有正义感。妈妈你真好,我长大以后一定成为一个有胆量有正义感的人。

又是一个深夜,我现在玩得有些黑白颠倒了,每天都玩到深夜,还要妈妈陪我一起玩。这一次,我们玩的是表演。我要妈妈当主持人,我自己是演员,好戏马上开始了。"请问,有哪个小朋友上台表演节目?"我马上举起小手:"我!"还假装走上台。"你叫什么名字?""我叫苏世一!""今年几岁了?""两岁了。""爸爸叫什么名字?""苏洪锁。""妈妈叫什么名字?""王芳。""哥哥叫什么名字?""苏然。""你们幼儿园的园长是谁?""是我妈妈!"对于妈妈的提问,我对答如流。"你给大家带来什么节目?""带来了一个《小燕子》的节目!"

我像模像样的用手当话筒,便唱了起来。唱完《小燕子》又唱了《小老鼠》。等把所有的会唱的歌都唱完,我才恋恋不舍地走下台。哈哈,真不过瘾。第二天中午,哥哥回来了。这么好的观众我怎么能放过他?我当然又一次表演了我的拿手好戏!笑得妈妈和哥哥眼泪都流下来了。哥哥情不自禁地感叹道:"世一就是咱家的开心果!"嘻嘻,我就爱表演。但我可不是故意这样的,我真的就是随性而为。这也许就是妈妈讲的表演天赋吧!

还有一件非常开心的事。1月25日,大年三十的晚上,我们一家人一边看电视一边看五颜六色的礼花。我好奇地问妈妈:"妈妈,为什么要放鞭炮,放烟花呢?"妈妈说是因为春天来了,新的一年开始了,人们在庆祝。而且大年初一还要走亲访友、拜年,儿女要给父母拜年。"我一听,过年还要给爸爸妈妈拜年,立刻往妈妈前面一跪,双手合拢,学着唐僧的样子:"阿弥陀佛,妈妈过年好!""闺女过年好,妈妈给压岁。拜年要给压岁钱,保佑你健康成长!"妈妈掏出一张崭新的百元钞票,我双手接了过来。哦,拜年还给压岁钱,呵呵,好事呀!"谢谢妈妈!"紧接着,我一溜烟跑到另一个屋去给爸爸拜年,向爸爸伸手要压岁,爸爸也乐呵呵地给了我一张百元钞票。从那以后的很多天,呵呵,我只要晚上一上床,就往床上一跪给妈妈拜年,天天要压岁钱。哈哈,我天天都有压岁钱。每天都往枕头下压钱。只不过,要完就忘了拿了,肯定都让妈妈又拿走了。哎,郁闷!

我的感悟:

人来疯就是对我的最好评价!

第十六个故事
DI SHI LIU GE GU SHI

我是玩具控

我对新玩具有无休无止地渴望。从出生到现在，我对玩具的热情从来都没有一丝减弱过。鲁迅先生曾说过，玩具是儿童的天使。是的，我从玩具中真的就学到了很多知识。比如在坐悠悠车时，我学会了一百多字的儿歌——《老虎拜年》。在玩气球时学会了分辨色彩。在玩中学习，这是一个可以向所有小伙伴们介绍的经验。不过，可别在学中玩呀。那样的话，爸爸妈妈们就要打屁股了！我给大家介绍一下我最喜欢的两个玩具吧，真的特别好玩。

妈妈给我买了一套医生用具的玩具。真是不可思议，当我一看到这套玩具时，一下子就被它给吸引了。还没来得及拿回家，我就玩上了。我记得我小的时候生病时，医生给我输液，我害怕极了。对我来讲，医生是一个非常厉害的人物。没想到我现在也可以当医生了。好吧，我就给玩具宝宝看看病吧。我带上听诊器，给小宝宝这里听听、那里敲敲，俨然是一个小医生呢，打开药瓶，抽出药液，把药液用针管儿催进输液瓶，消毒、又给小手扎上针。卖玩具的阿姨们都看愣了。对我妈妈说："宝宝以前玩儿过类似的玩具吧？"妈妈说没有。阿姨们都竖起大拇指，妈妈高兴地乐开了花。而且，更让他们想不到的是，我知道玩具里的天平是做实验用的。这简直都让她们惊讶地掉了牙。这有什么可惊讶的？电视里都介绍过呀！真

不明白大人的心思。

　　还有一套玩具我也非常的喜欢，这是一套做饭的炊具玩具。嘻嘻，我总看着妈妈做饭。其实，我老早就想和妈妈一起做饭了，可就是不让我做。有了这套玩具，我可是能够大显身手了。我一会就能把饭做好，妈妈，等会吃饭吧。先做米饭，我先打开"煤气灶"，又坐上锅，锅里放上水，把米倒进锅里，盖上锅盖，只一会儿就把米饭做好了。做好米饭后，就开始炒菜了。炒茄子，炒黄瓜，摆上桌子。好了，妈妈请吃饭吧！哈哈，看到我做的饭菜，妈妈高兴坏了。妈妈直夸我像个小厨师！妈妈，我长大了一定要天天为你做饭。

　　跟大家说句实话吧，其实，我对每一种玩具的热情基本上都不会超过一天。我几乎天天都缠着爸爸妈妈给我买玩具。爸爸妈妈也从来都没有拒绝过我。所以，我的玩具是空前得多。我知道这需要好多钱的，不过我偷听过爸爸妈妈的谈话，说给我买再多的玩具都值。爸爸妈妈我太爱你们了。不过有一件玩具妈妈一直也没有给我买，总是推脱我说，等我长大了再买。这个玩具是什么呢？就是哥哥玩的电脑！里面有好多好玩的人物和游戏，我可喜欢了。

　　那是哥哥高考完了，整天在家玩儿游戏，我也着迷了，每天缠着哥哥和我一起玩儿："求求你了，哥哥，让我玩儿一会儿吧，只要一分钟。"被我缠得没有办法了，哥哥就让我坐在他腿上教我玩儿。我可是表现得非常好，嘴里一个劲儿地说谢谢哥哥，哥哥可开心了，只不过他的游戏我根本玩儿不了，只一会我就投降了。我说："哥哥，还是你玩儿吧，我就这样看着。"就这样我在哥哥腿上坐着看他打游戏。我真羡慕哥哥有这样一台电脑。那天我实在是忍不住了，就对妈妈说："妈妈，我也要一台和哥哥一样的电脑。"妈妈笑眯眯地想了想，说："等你长大了，妈妈一定给你买一台比哥哥还要好的电脑。"我高兴坏了，冲哥哥说："以后，我会有一台比你还要好的电脑。"哥哥说了两个字："你牛！"呵呵。我赶紧冲妈妈大声说："谢谢妈妈。"我憧憬着我今后的电脑。

对了，我还差点忘了有一个秘密要告诉大家，我还特别的喜欢玩刺激的大玩具。比如说娱乐场的无敌金刚、过山车，就是把妈妈吓着了，怎么也不带我玩。郁闷！

我的感悟：

玩具控也是求知控，我在玩具中学到了新的知识，同时，也学到了做人的道理。比如感恩。

第十七个故事
DI SHI QI GE GU SHI

三周岁生日心愿

2009年9月7日,是我三周岁的生日,懵懂的记忆也由此开始。妈妈的"女儿成长日记"是这样写的:"世一,9月7日是你的生日,每年的这个时候是我们最忙的时间,所以你的这个生日过得很简单。爸爸给你买了大蛋糕,你很开心。有很多住宿的幼儿园阿姨陪你过生日。妈妈这段时间顾不上你,因为有很多三四岁的小朋友入园,妈妈要尽可能得多一些时间陪他们。对不起,女儿。你要理解爸爸妈妈,支持爸爸妈妈的工作。谢谢你,女儿!"我的妈妈是世界上最富有爱心、最善良的妈妈。她不但爱我,也爱幼儿园所有的孩子们,幼儿园的孩子们都爱她。我过生日的那天中午,妈妈、老师、小朋友来了好多人呢!大家一起吃蛋糕,还一起唱了生日快乐歌,非常好听。一个姐姐背了一首诗,一个小朋友唱了一首儿歌。妈妈说,世一许个心愿吧。怎么说的呢,不好意思,我忘了。但要我现在补上那个心愿,我会说:祝妈妈越来越漂亮!就算是我三周岁生日许的心愿吧!

爸爸妈妈从来都没有忘了我的生日,但是他们从来也没有过一个生日。我长大了一定要给爸爸妈妈过生日。

第四章　三岁时的故事

SAN SUI SHI DE GU SHI

妈妈的烦恼

在我的印象里我的妈妈从来都没有因为什么事儿烦恼过。可能也是因为我太小的原因，我不能体会到妈妈的烦心事。但是，我却清楚地知道，我妈妈因为我的几件事而烦恼不已。什么事情呢？

第一件事情就是我的培养问题。妈妈说我有很强的表演天赋和表现欲，这是我的一大潜质。我自己可没有这方面的意识。但是，我就是喜欢为别人表演，比如表演唱歌，我现在会不少的儿歌了。我爱唱，同时，我也敢唱。我才不会和其他小朋友似的，让他们给大家表演个节目，他们都害羞地不敢演。我有一股表演的冲动，恨不能上去给大家表演。尤其是听到大家给我鼓掌的时候，我的内心里是非常的愉快和满足的。还有就是，我可是会很多的东西。比如我会模仿大灰狼和小红帽的声音，绘声绘色地讲故事。呵呵，讲得可好听了。等我有机会把我讲的故事制成碟片，专门讲给大家听。妈妈说我有表演方面的天赋，但是，我们就是一个普通的家庭，他们没有办法言传身教。妈妈说，如果我出生在一个表演世家的话，我早就是一个小明星了。所以，妈妈为我的特长培养问题烦恼。但是，我并不觉得这有什么不好。我爱妈妈、爸爸、哥哥，我爱这个家。我的家庭就是最好的。

第二件事就是我的上学问题。爸爸要我正式上幼儿园。虽然我自小就在幼儿园生活，但是从来就没有正式跟班学习。所以，爸爸要我正式入园。妈妈觉得不必强求我什么，只要我喜欢，不用特别地强制我学习。用妈妈的话来说，就是素质教育优胜于应试的填鸭式教育。我真是不懂什么意思。我还是喜欢玩！妈妈在"女儿成长日记"中写道："努力吧，女儿，去做你喜欢的事，相信你会成功。"

第三件事就是我的自由主义问题。在我三岁多时，我的自由主义问题成了妈妈的心事。我现在能够记得当时的事情。我一会一个兴趣，兴奋点一会儿一变。真的，那个时候我真是天马行空一般，脑子里有万般的想象。我要学折纸，一会功夫满地都是我的"大飞机"，不过这些"大飞机"在妈妈的眼里其实就是废纸一堆，还没折成功呢。我又对画笔产生了兴趣，于是，我拿起画笔就在墙壁上画起了各式各样的蛇，我最喜欢画蛇了！爱好有特点吧！一转眼，我又开始画别人绝对不会看懂的小猫咪、棒棒糖了！哈哈，真是太有意思了。妈妈让我在图画纸上画，我才不呢，那有什么意思，墙壁多大多白呀！所以呀，他们就说我是自由主义！其实，那是不懂我。我那叫随性！嘻嘻，现在定性的！

妈妈，你不用烦恼，我生活得非常幸福。我在做一件我喜欢的事情，你要支持我呀！

妈妈的烦恼就是对我的关怀，妈妈，我很幸福，我会成为你的骄傲的。相信我吧！

第十九个故事
DI SHI JIU GE GU SHI

哥哥，我好想你呀！

哥哥考上了上海的大学，哥哥成为了一名大学生。他上学走了，一走就是好长一段时间呢！我想死哥哥了，回想着哥哥抱着我和他一起玩电脑的情景，我马上就难过地哭了。每次我给哥哥打电话都说："哥哥，你要早点儿回来，我都等不及了，你现在就回来吧！"你们说我怎么就这么想我的哥哥呢？小伙伴们你们有这种思念吗？我的哥哥是一个非常好的哥哥，我特别的崇拜他。这也成了我和别人炫耀的资本，我逢人就讲："我哥哥在上海上大学呢，我要坐飞机去看哥哥。"一脸得意的样子。每当这个时候，妈妈就和我讲："女儿，你要上幼儿园，小学，一直到大学，才能去上海。不然，你不识字，自己连机场都找不到。"是呀，这真是一个问题。于是我就和妈妈说："妈妈，我长大了直接上大学，我不上幼儿园，可以吗？"哈哈，那时候我的想法真是太天真了。不过，我真的是非常想念我的哥哥。

哥哥是我最亲的人，我永远都会爱他。

第二十个故事

DI ER SHI GE GU SHI

妈妈我担心你

我很爱我的妈妈,有一次,我因为担心妈妈,急得痛哭流涕了。妈妈的颈椎病犯了,这是我后来才懂得的病,是因为长期劳累而导致的。妈妈躺在床上起不来,我以为妈妈得了很重很重的病。我急得大哭起来:"妈妈快拨120吧!快去医院吧!妈妈我不让你死,你死了只有爸爸了,没有好妈妈了。"我急切地喊着。"傻孩子,妈妈没事的,躺一会就会好的。妈妈怎么会扔下我的宝贝闺女呢。等你长大了,妈妈才会变成老太婆,很老很老的时候才会死的。"妈妈冲着我语调平缓地说。"真的吗?妈妈我担心你。""没事,你不用担心,妈妈不骗你。"听到妈妈的话,我的心才稍稍放了下来。我用手捧着妈妈的脸说:"妈妈,你一定要好好的,等我长大了一定给你买好多好多好吃的。"妈妈脸上是带泪的笑容。

妈妈,我真的是好担心你。你一定要健康长寿。

我的感悟:

妈妈是我的一切,我不能没有妈妈。

第二十一个故事
DI ER SHI YI GE GU SHI

相亲相爱

我的家是一个温馨的家庭。我有爱我的爸爸、妈妈和哥哥。我是他们的小宝宝、小天使！爸爸、妈妈、哥哥都这么叫我。我生活地无忧无虑。那一天，我和妈妈在一起，我真想和妈妈永远在一起。我对妈妈说："妈妈，我们一定要相亲相爱呦。"妈妈一下子就笑了起来，说："好，相亲相爱！""妈妈我爱你，也爱爸爸，我也爱哥哥，妈妈爱爸爸也爱哥哥和我对吗？""对呀！"妈妈笑着说。我高兴地说："太好了！太好了！"呵呵，在我那么小时就能够说出这样的话，是不是人小鬼大？

相亲相爱是一家人最温暖的幸福！

第二十二个故事
DI ER SHI ER GE GU SHI

妈妈，我不让她死

"妈妈，我不让她死。"这是我在听了妈妈给我讲的《卖火柴的小女孩》的故事时，哭着说的话。卖火柴的小女孩真是太可怜了，我真的是非常的心疼她，恨不得能把她接到我家里来，让她和我一同生活。我一定能够让她和我一样过上幸福的生活。妈妈看我太伤心了，安慰我说："小女孩是故事里的人，不是真的。"可是，我久久不能平复我不愉快的心情。"妈妈，是不是在世界各地还有好多这样不幸的小孩？"我在心里想着，如果他们都能够和我一样幸福就好了，我真想让这个卖火柴的小女孩活过来。妈妈看我情绪不高，对我说："女儿，世界上还有很多很多不幸的孩子，可是他们没有能力让自己过得幸福。你一定要努力学习长本领，等你长大了，有能力了就去帮助这些孩子，好不好？""好，我一定好好努力长本领，等长大了我就去帮助这些孩子。""好女儿，妈妈坚决支持你！"妈妈的话印在了我心里，我会这样去做的。

我真心希望所有不幸的孩子能够和我一样幸福快乐地成长！

第二十三个故事
DI ER SHI SAN GE GU SHI

我是一个追求完美的人

我从小无论做什么事都要求尽善尽美。虽然，我的兴趣点会时不时地转移。我的要求可能太苛刻了，但是这也是我执着的一个表现。这可能是我性格中的一个特点吧。妈妈对我说，因为我的这个追求完美的性格，让她多受了不少的累。在妈妈的"女儿成长日记"中写道："组合玩具摆不整齐就生气，别人帮你摆了你又不喜欢。尤其是穿衣服，面料不软的你不穿，没有弹力的你不穿。张口就说：'这个衣服不舒服。'现在天气很冷，妈妈想带你到外面去玩儿，在你穿的保暖裤外面套了一条牛仔裤，因为牛仔裤要比棉布的裤子挡风，又暖和。还没等妈妈给你穿完，你三下两下就给脱下来了，'这个裤子不舒服，我不喜欢。''女儿，牛仔裤风吹不透，暖和。''那也不行，太不软，我不穿。'妈妈深知你的这个脾气，不穿就不穿吧，只好又穿了一条棉布裤。裤子穿上了，该穿上衣了，是一件红色上衣，袖子稍微长一点，你就开始要求了。'妈妈不行，你给我挽起来。'妈妈就给你挽了一圈。你伸出两只手比了比，'不行，太不一样。'你太挑剔了，连挽个袖口也要比一比，要一样齐才可以。每次给你穿衣服，都能把妈妈累出一身的汗。妈妈忍不住说：'女儿呀，等你长大后了，会有你的女儿烦你的！''我让她烦你，我可不管！'"呵呵，我可不懂妈妈给我说的是什么意思。反正我觉得有妈妈就有了一切！虽然我不知道什么是完美,但是,我会自然而然的那样要求、那样去做。我真的说不清,但我的性格就是这样,不管做什么事情都要尽最大努力,妈妈、爸爸还有哥哥不是这样吗?

妈妈,说实话,你不要不爱听,在我眼里,你就是一个最追求完美的人。不要忘记了我是你的小尾巴呀。你的言传身教,你的性格,我都统统照收了。我也要做一个你那样的人,还要超过你,妈妈加油……

我的感悟:

我的挑剔并不一定是顽皮,这可能就是我性格中的完美情愫。

第二十四个故事
DI ER SHI SI GE GU SHI

人生第一次远游

亲爱的小朋友们，你们知道吗，我的第一次远游是在我第四十三个月大的时候，妈妈给我选的旅游目的地就是北京。妈妈报的是亲子旅游团，满满一车的小伙伴和他们的爸爸妈妈。我高兴极了，欢快地和其他的小朋友们玩着。我们去了海洋公园、紫竹院公园、鸟巢、水立方。这些我在看电视时妈妈都告诉过我，我都认识，这次终于来到了现场。我就像是一只穿梭于花朵中小蝴蝶，快乐地翩翩起舞。来到奥运场馆时，我说："妈妈我也要当冠军，得金牌。"（奥运会时我一直在看比赛）妈妈听了，亲亲我的脸，说："好的，闺女，我就等着你给我拿回大金牌！"我心里充满了喜悦。

在休息时，导游姐姐提议让小朋友们出节目时，我第一个举手。我要给大家表演节目，这是我最高兴和快乐的事。我给所有的叔叔、阿姨和小朋友们表演了儿歌朗诵《老虎拜师》、背诵了《三字经》。当我一背完，现场的所有的人都给我热烈地鼓掌。好多的叔叔阿姨都夸我大方、有本领是个小才女。妈妈非常地高兴："女儿你真棒！"

旅游的那天，我特别的听妈妈的话，因为我知道，妈妈带我出来不容易，我要听妈妈的话，所以，那天我特别的乖。小朋友们，你们和爸爸、妈妈出去旅游的时候，也要像我一样乖，可不要像有的哥哥、姐姐那样，爸爸、妈妈不给买东西了就哭，多没羞哇，我是特别听话，妈妈不给买，我就不要。

　　旅游很快就结束了。在回来时，妈妈给我买了四只水母作为这次旅游的纪念。我特别的喜欢水母，看它们好像小花伞一样，在水中翩翩舞动，真是太漂亮了。我们在太阳的余晖中踏上了回家的路。我人生第一远游，让我长了见识，开了眼界。

我喜欢旅游，因为在旅游中我不仅开阔了眼界而且学到了很多的知识。

第二十五个故事
DI ER SHI WU GE GU SHI

妈妈,我错了

我记得有两次给妈妈认错是令我印象深刻的。

第一次认错是在我马上就要进入幼儿园正式上课的时候。因为没有入园,所以我就是妈妈的一个小尾巴,每天跟着妈妈到这到那,她工作有多忙,说真的,到现在我也无法描述出来,就是知道总跟着跑。那时候,妈妈可能是真累了。有时,我缠着她让她给我讲故事,她有时讲,有时说让爸爸讲一个吧。一次,妈妈和客人谈话,我非让妈妈给我讲故事。妈妈说:"等一会吧,心圆。妈妈在谈事情。"可我不干,又缠着她。一会儿客人走了,妈妈告诉我说:"客人来了要懂礼貌,知道吗?"其实,妈妈说的我基本是听得懂得,但我太惦记书上的故事了。没等妈妈和我说完话,妈妈的手机又响了,我还是不顾妈妈正在接电话,大声哭喊着:"讲故事、讲故事……哇……哇……"妈妈放下电话把道理又讲了一遍。我挥着小手说:"不听、不听,讲故事、讲故事。"哭啊、闹啊,这下妈妈真的生气了。她扔下手机,用手使劲地打我的屁股。一边打还一边说:"怎么这么不懂事?是故意吗?自己想想哪错了,一会儿给我承认错误,知道吗?"好痛啊,我哇哇大哭起来。妈妈没有管我,哭了一会儿,感觉自己一个人在屋没有意思,就出来找水喝。妈妈没有说话,她把我每天喝水的瓶子递给我,让我喝。我一边喝着,一边抽泣起来。我仰头看着妈妈的脸，妈妈没有说话，起身拿条毛巾给我擦脸，擦得很认真、很仔细，擦完了还往我的脸上抹点"香香"。妈妈拿过来刚才我拿的那本《十万个为什么》，找出满是星星的那张图。妈妈看着我，说："是不是还想听这个故事？"我点点头，泪水又一次夺眶而出，满腹委屈。妈妈这次没有再为我擦眼泪，而是轻轻的给我讲起了星星为什么从空中不掉下来的道理来……我听啊听，都听入迷了，连续向妈妈提出了好多问题，妈妈轻声地给我一个个的解释着……渐渐地我把刚才挨打的事情忘了。可就在这时候，妈妈却提起了打屁股的事，说："心圆，刚才妈妈打你痛不痛？"我摇摇头，又点点头。"知道为什么打你吗？"我点点头，又摇摇头。妈妈说："我问你，心圆，你告诉妈妈，打你之前，妈妈给你讲的要懂礼貌的道理你听明白了吗？我没有点头也没有摇头。"那么心圆，妈妈以前给你讲的小牛讲诚信的故事你还记得吗？"这次我点了点头。妈妈又说："你不是扮作小牛，说做一个诚实守信的好孩子吗？那么你说，妈妈给你讲的道理，你听明白了吗？"这次，我快速地点了点头。妈妈笑了，说："心圆真是个好孩子，妈妈知道妈妈给你讲的道理你一定能听的懂。你啊，就是太心急，想听妈妈讲故事了，是吗？"我使劲地点点头。"但是妈妈有事情的时候，你要知道等一会儿，这也叫懂礼貌，知道吗？""我知道了，妈妈我错了。"我在点头中突然说。妈妈当时听了这话，都愣了一下，眼泪突然唰地一下子流了出来。我不知道妈妈为啥哭，吓得又大哭起来："妈妈我错了，妈妈我错了……"。妈妈喃喃地小声说："心圆真是一个懂事的好孩子，都知道认错了。"妈妈把我第一次认错的事记在了"女儿成长日记"里，妈妈说，我长大了。

　　第二次认错情节就更曲折了，因为这是我和妈妈的一场争执。妈妈给我定性叫"较量"。

　　那是一天早晨……

　　"妈妈，我要看动画片。"

　　"女儿，不能总想看动画片，还是看妈妈给你买的书吧。"

"好吧,我要看《鼹鼠的故事》。"

"给,《鼹鼠和小雨伞》。"

"讨厌,不是这本!"我当时就犯脾气了,大声说。

"别对妈妈这样说话。"妈妈冲我说道。当妈妈把《鼹鼠的故事》找来时我高兴了起来,但妈妈并没有把书给我。

"女儿,对不起,妈妈要向你道歉,因为刚才妈妈把书找错了,耽误了你的时间。但你不能对妈妈是这种态度,你也要向妈妈道歉。"

我一声不吭,把头藏在被子里,以示抗议。

"女儿,妈妈知道你是个懂礼貌又勇敢的好孩子,知道错了,敢于承认就是好孩子。你先想想吧。"妈妈离开了。

其实,我早知道我错了。"啦啦啦啦啦啦,葫芦娃……"我开始故意大声唱了起来,要把妈妈吸引过来。果然,妈妈走过来了。

"女儿,妈妈一听就知道你想明白了,刚才对妈妈吼不对,是吗?"

"妈妈,这书真好看。"我才不愿意承认呢。

"妈妈不高兴了,只要你不道歉,妈妈就不高兴。"

"你不高兴我可不管,是你的事。"

"我是因为你对我的态度不好才不高兴的。"

我不再说话了,我不愿意认错,虽然我知道我错了。我去找爸爸给我讲故事,可是,爸爸有事出去了。看着妈妈的样子,我知道她是不会责怪我的。好吧,我使出了我的绝招——撒娇,我笑嘻嘻地搂住妈妈。

"妈妈,给我讲个小熊的故事吧?"

"那你先为刚才的态度不好道歉吧。"

"对不起妈妈。"

"以后不能再耍小性子了,要做有礼貌、明事理的好孩子,知道吗?"

"知道了,别说了,对不起。"

"好吧,以后看你的表现了。"

"好妈妈,我一定做一个懂礼貌的好孩子。敬礼!嘻嘻……"

我啪的一个立正，总算打破了这个尴尬的僵局。从那个时候起，我时刻记着我要做一个懂礼貌、明事理的好孩子。这是我第二次向妈妈认错。

好孩子也有做错事情的时候，勇敢地承认自己的不足，就是进步的开始！亲爱的小朋友们，这话有点哲理性吧！因为，我长大了！

第二十五个故事 妈妈，我错了

第二十六个故事
DI ER SHI LIU GE GU SHI

妈妈的幸福最容易满足

记得有一次上课,老师问什么事情让什么人最容易满足,我第一个举起了手。"老师,妈妈的幸福最容易满足。""哦?苏世一,你为什么这么认为呀,快给小朋友讲讲。"我说:"爸爸、妈妈喜欢我,所以我就降生了。妈妈特别满足、特别幸福。她总是和别人这样说。老师,她容易满足吧?还有妈妈不管有多累,每天都要给我洗澡、洗衣服,还给我穿漂亮衣服,给我讲故事呢。有一次妈妈躺在床上给我讲故事,讲着讲着她就睡着了。我推了推她,她都没醒。爸爸说妈妈太忙太累,不要再让妈妈讲了,让妈妈多睡一会儿吧。我听了爸爸的话后赶紧把书拿到了小桌子上,还给妈妈盖上了被子,又在妈妈的脸上轻轻地、轻轻地亲了一小口,因为,我怕把妈妈亲醒了,可刚亲完妈妈还是醒了。她一把把我搂在怀里,对爸爸说:'我们的心圆啊,真是妈妈的心肝宝贝,我是这个世界上最幸福的妈妈。'老师,我就亲了她一小口,妈妈的幸福是不是特别容易满呀?"

老师说:"苏世一讲得真好,真流畅,真是个天才的小演说家。小朋友们,因为爸爸、妈妈非常爱我们,给我们的爱最多。他们呢却一点也不图我们的回报,就盼着我们呀快快地健康长大。长大了有出息,妈妈、爸爸脸上就有了光彩,就高兴了,就幸福了。而我们小朋友呢,一定要爱我们的长辈,懂得感恩,要听爸爸、妈妈的话。要好好学习,认真做老师留下的作业。我们有进步了,你们说爸爸、妈妈高兴不高兴?""高兴!""幸福不幸福呢?""幸福!""就像苏世一同学刚才讲的,妈妈的幸福呀最容易满足,我们一定要让妈妈幸福,争当好孩子,大家记住了吗?""记住了!"

　　这堂课,我又受到了老师的表扬,还夸我是小演说家,我真高兴,回去一定要告诉妈妈,嘻嘻……

> 有妈的孩子像个宝。妈妈对孩子的爱是最纯洁最无私的爱。我爱妈妈到永远。

第二十七个故事
DI ER SHI QI GE GU SHI

不到长城非好汉

"妈妈，今天我们去哪里旅游？"这句话成了我的口头禅。自从上次妈妈带我去北京参观了海洋公园、紫竹院公园、鸟巢、水立方之后，我特别渴望再次到北京玩，妈妈满足了我的这个愿望。这一次，妈妈带我登上了八达岭长城。我只有在电视上看到过长城，今天我就要真正的登上长城了，我真是无比地兴奋。"不到长城非好汉"，妈妈说这是毛主席的名言。难道不去长城就不是好人了吗？我疑惑地问妈妈。妈妈呵呵地笑着，说："闺女，毛主席的意思是不登临长城关口绝不是英雄。这反映了中华民族的一种精神气魄，一种积极向上的奋斗精神。这是毛主席写的一首词，它的名字是《清平乐·六盘山》，原文是这样写的：

天高云淡，望断南飞雁。
不到长城非好汉，屈指行程二万。
六盘山上高峰，红旗漫卷西风。

今日长缨在手，何时缚住苍龙？"

妈妈很有气势地朗读着。妈妈接着对我说："这首词是红军长征时，毛主席翻越六盘山时的咏怀之作。你能听懂吗？""哦，懂了。"妈妈笑笑说："你呀肯定不懂。不过没关系，你要好好学习，以后你会懂的。"是呀，我真是不懂什么意思。不过，以后我一定通过学习会懂的。"妈妈，毛主席在哪呢？"我问了一个很笨的问题。妈妈说："在毛主席纪念馆呢，他老人家一直安息在那里。""哦。""想去瞻仰毛主席吗？""想！""好，咱们登完长城就去毛主席纪念堂！""好，哦~"我欢呼着。终于我们登上了顶端，我看到了"不到长城非好汉"的碑。我在碑前很神气的留下了纪念照。我也成了英雄！

然后，我们就启程去了毛主席纪念堂。来到毛主席纪念堂，人们都非常的严肃，没有一个玩闹的，就是小朋友也是一样。我和妈妈手捧着鲜花为毛主席献花。出来后，我问妈妈："妈妈，毛主席为什么躺在大柜子里？"妈妈说："等你长大就明白了。总之你要记住，没有毛主席，就没有我们平安、幸福的生活。是毛主席带领人民打跑了坏人。""妈妈，毛主席真是一个大英雄。我喜欢毛主席！"我大喊着。

登长城和参观毛主席纪念堂是我永远铭记的旅行。

妈妈告诉我，现在的生活来之不易，是毛主席等一代伟人为人民打下的江山。我会永远记住的。

第二十八个故事
DI ER SHI BA GE GU SHI

我爱骑马

我现在养成了一个嗜好就是骑马！我的这个嗜好是在和妈妈一起到野三坡地质公园的跑马场开始的。我天生就是一个胆大的孩子。骑马对我来讲一点难度都没有。那次到野三坡玩，我买了很多的小玩具，其中有一条蛇的玩具。我把它缠到脖子上照相，吓的旁边的几个女孩跑得远远的，把我乐坏了。

十渡跑马场，这是我永远也不会忘记的地方。因为，我在这里结识了马，这里让我流连忘返。我对马好像有天然的亲切感，我一点也不害怕。我直接就能稳稳地骑着它，让妈妈和其他的大人们惊奇不已。那天，我居然骑了两个小时的马，把那里所有的马都骑遍了，这可是我第一骑马呀。可是，我还不过瘾，非要妈妈答应我到家里以后给我买一匹马。妈妈答应了，我才恋恋不舍地离开跑马场。小朋友们，你们也来骑马吧，非常的刺激和好玩。我太爱它了。

回来后，妈妈没有实现她的承诺，没有给我买马。但是，妈妈和爸爸会经常带我到唐山大成山跑马场骑马。现在一有时间，我都会和妈妈爸爸去骑马。我将来能有自己的马就好了。

漂流也是我喜欢的项目，在很多人吓得哇哇叫的时候，我镇定自若，有很多次我和妈妈险些翻船，我一点也不害怕，只是觉得太好玩了。在水流平稳的地段，我还和妈妈一起划船呢！妈妈说，如果不是为了我，妈妈绝对不玩这样的项目。嘻嘻，谢谢妈妈了。

我喜欢富有挑战性的活动。吓着妈妈了，对不起。不过，我还是会继续喜欢的，因为我喜欢挑战。

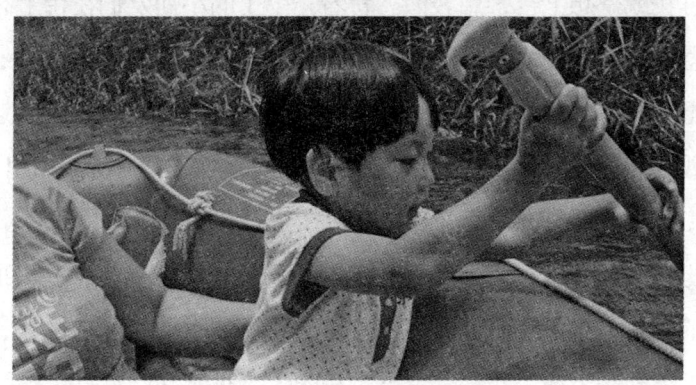

音乐晚会，我登台献花了

妈妈的幼儿园在新城区广场举行了"惠丰之运，幸福起点"（妈妈的幼儿园叫新起点）音乐晚会。妈妈说这场晚会主要是为新幼儿园开园做宣传。这次晚会规模不小，幼儿园的小朋友们和老师们都上台表演节目去了，台下只有我一个人没有节目。看着台上五颜六色的灯光，听着那迷人的音乐，我一下子就坐不住了，我也要上台表演。我着急地和妈妈、老师嚷嚷着也要上台。但是因为我没有入园，又没跟着排节目，上台什么也不会呀！可我就是想上台，想表演。看着一个个的小朋友们在台上高兴地跳着，急得我眼泪唰唰地流。这时主持人姐姐跟妈妈说："要不让世一随便表演一下吧！"妈妈说："不行，不能因为她打乱了整个演出。"突然，我想起了电视中演唱会上的一个镜头，对妈妈说："妈妈，我要献花！"妈妈说："嗨，这主意我怎么就没有想起来呢，快去买花！"花买来了，我拿着鲜花，挺着胸，迈着欢快地步子，走上了舞台。我把鲜花举过头顶，献给了漂亮的主持人姐姐。姐姐问了我一些问题，我一边想一边回答，一点也不害怕。还即兴表演了儿歌。台下所有的人给我鼓掌！姐姐问我："请问小朋友，'新起点'幼儿园园长叫什么名字呀？"我大声地说："苏世一，就是我！"台上台下的人都大声地笑了起来，还都鼓掌呢！我知道，我回答的好，我就是一个爱表演的孩子……

第二十九个故事 音乐晚会，我登台献花了

自己想做的事，就要胆大，我们小朋友优点多着呢！有时候，大人还不如我们的主意多呢！像我妈妈，讲话的声音就不如我大，到家我偷偷告诉她了。妈妈说："知道了，向女儿学习！"呵呵，妈妈也不错！

第三十个故事
DI SAN SHI GE GU SHI

"园长"的生日

今天是我的生日,我已经四周岁了。这一天,我很难忘,因为,我在这一天升"园长"了。这可是我最好的生日礼物,嘻嘻。

在生日的前几天,我天天用小手拿着笔在台历上划圈圈,因为要是到了划五角星的那天,就是我的生日了。我天天盼着,可妈妈、爸爸好像忙起来把我的生日给忘了似的,一点也没有提过生日的事。每天总是很早就把我叫醒,和他们一起到一个非常大的院子里面去。这里只有我一个小孩,也没有玩具,还有就是一群忙碌的大人们。就这样,在我在盼着过生日的日子里,妈妈、爸爸每天都忙碌着。直到有一天,我实在忍不住了,玩够了沙堆后,站在那里喊妈妈。妈妈这才跑过来问我需要什么,我说不需要。我又问:"妈妈这里是哪里呀?这里太不好玩了,可不像我们幼儿园漂亮,也没有玩具。"妈妈说:"心圆啊,对不起,这几天太忙了,妈妈没有时间照顾你。不过呀,妈妈和爸爸是在干一件大事。我们准备再给心圆建一所新的幼儿园,好吗?""真的吗?太好了,那妈妈我来当'园长'行吗?"妈妈哈哈笑着说:"行,我们的心圆就是'园长'了。以后,我和爸爸要听'园长'的了,你指挥我们好吗?"我高兴地连连点头说:"好呀!""那每天你都要和我们一起劳动的,因为'园长'是领导就要起带头作用,你怕累吗?""妈妈,我才不怕呢!我带领着你们干活!""好吧！'苏园长'你看这里的墙脏不脏？""脏。""我们给墙刷成黄色、绿色，还有小红花、小草……你说漂亮吗？""漂亮。和咱们幼儿园一样漂亮。""对啊，我们就是要建一座比咱家现在的幼儿园更漂亮的新幼儿园。你高兴吗？""高兴、高兴……"我高兴地跳着还拍起手来……

我的生日终于到了，这是我当"园长"以后的第一个生日。我的这次生日是安排在新幼儿园里过的。爸爸给我买来了大蛋糕。有幼儿园的姐姐、小朋友和爸爸妈妈一起给我庆祝生日。我们一起吃蛋糕，一起唱生日快乐歌。哥哥还从上海来电话了，他的声音可好听了："世一，生日快乐，哥哥祝你健康长寿！"大家开始欢呼起来。妈妈又让我许个心愿，这次，我是真的记得了，因为，我大声地告诉了他们。我许的心愿就是：我要上新幼儿园！我要当"园长"……

我的感悟：

妈妈爸爸不分昼夜地工作，就是为我的成长而辛劳。我一定会有出息的。

这就是我们的新幼儿园，是不是非常的漂亮呀？幼儿园能这么漂亮也有我的一份劳动在里面哦！

第五章　四岁时的故事

SI SUI SHI DE GU SHI

第三十一个故事
DI SAN SHI YI GE GU SHI

我要当主持人

2010年10月31日,我的新幼儿园开园了。新幼儿园的名字叫丰南第五幼儿园。我问妈妈:"为啥不叫'世一'幼儿园?"妈妈说这个问题,等我长大了,就明白了。好吧,叫什么都行,反正妈妈说过,我是新幼儿园的"园长"。现在我们家有两个"园长"了。

开园的那天,可热闹了,大门口有用气吹起来的那个大红色的大圆门,可好看了,还有许多漂亮的小气球。大门的顶上还插着两面五星红旗。对了,还有几个叔叔穿着警察的衣服站岗呢,还有……还有……我把这个秘密偷偷地告诉你们吧!我们在电视上,经常看到的少儿节目主持人董浩叔叔,你们知道吧?喜欢吧?他也来我们新幼儿园了。妈妈说董浩叔叔是来为幼儿园揭牌的。什么叫揭牌?这个问题我还真没有问妈妈。因为,那天总是二姨领着我。妈妈穿着漂亮的衣服,总是和客人说话。不过,我特别懂事,和大人一样,整个幼儿园都走了,三层楼高呢,可把我累死了。其实我都去过,因为这个新幼儿园都是我和爸爸、妈妈一起劳动变漂亮的。不过我妈妈说,园长就要坚持跟着走完。实在太累了,我的二姨真好,她还偷偷地背着我呢,一点也没有让我妈妈看见。

上午9点,董浩叔叔来到我们幼儿园门口,同学们抑制不住内心的激动和喜悦,看到董浩叔叔开心地叫起来,董浩叔叔面带灿烂的笑容信步走进园里,园里沸腾了!董浩叔叔胖胖的身材,总是面带微笑,非常可亲!大家纷纷向董浩叔叔敬礼问好,董浩叔叔亲切地和小朋友握手。我们拉着董浩叔叔的手,舍不得松开,希望这欢乐的时刻多停留一会儿。在妈妈和老师们的陪同下,董浩叔叔参观了我们幼儿园,对校园环境和浓郁的文化气息赞不绝口。还参加了我们幼儿园的演出活动,表演了精彩的节目。对了,我告诉你们啊,董浩叔叔还跟我一起上台了呢。他是那样的亲切、那样的和蔼、那样的幽默,我特别喜欢和他在一起主持节目。董浩叔叔说我很有主持的天赋。他让我多练习、多学习。还鼓励我说:"一定要加强语言功力,你一定能够成为一名非常优秀的儿童主持人的!"我特别地受鼓舞。但是,董浩叔叔也给我提出了一个问题,就是我的口齿发音不是太清晰。这个问题我牢记在心,一定要加强训练,克服毛病,成为一名合格的主持人。因为我现在发现,我被主持人的风采深深地吸引了。所以,我暗暗下定决心,一定要当一名主持人。不管有多大的困难,我都要克服。董浩叔叔非常的喜欢我,在休息间隙和我说话,还拉着我的小手照相了。现在我还留着这张相片,妈妈说可不要让我弄丢了。不会的,我可喜欢董浩叔叔了。妈妈告诉我,一定要向董浩叔叔学习,做一个像董浩叔叔一样的优秀的节目主持人。

晚上爸爸、妈妈和我很晚才回家,我都不想洗脚、洗脸了。我对妈妈说:"妈妈,当园长太累了,还是你当吧。"妈妈笑着说:"闺女,以后你还要遇到很多的事,都不会很轻松的。你可不能一遇到困难就不干了是不是?""嗯,妈妈我知道了。妈妈,我一定要当一名主持人!""好的,妈妈支持你,你好好的努力吧。""是!""好的,洗洗睡觉喽!"

一旦下定了决心就一定要坚持下去。不能因为遇到困难就放弃。我的理想就是当一名优秀的主持人!

成长的礼物

嘻嘻，这是董浩叔叔为幼儿园揭牌呢！

董浩叔叔、我和妈妈在新幼儿园里合影，哈哈，你羡慕我们吧？

（女儿篇）

和董浩叔叔同台主持新年联欢会，穿小裙子的就是我啦，看我是不是相当有主持人的范儿？董浩叔叔主持的幽默风趣，还和小朋友们互动，台下的气氛太好了！我因为有董浩叔叔在身边，主持一点都不紧张，嘻嘻。

第三十二个故事
DI SAN SHI ER GE GU SHI

迟到风波

　　四岁两个月时,我开始上幼儿园了。为什么叫开始上幼儿园呢?因为我上幼儿园是在妈妈苦口婆心地劝啊、讲道理呀情况下,我才勉强去一会儿。我喜欢无拘无束地玩。妈妈说:"素质教育也不能缺了文化知识是不是?"好吧,我去。这是比较勉强的。我们幼儿园有几十位老师,可是没有一位老师愿意要我,都说我的问题太多,胜过十万个为什么。呵呵,我有这么调皮吗?!不过我确实是一个精力旺盛,欢蹦乱跳,偶尔调皮捣乱的"乖"宝宝,这不因为上学迟到还引起了一场小风波。

　　有一次,我下午刚刚来到幼儿园(上午根本就没来),其他的小朋友早就上课了。正赶上发水果,正是我非常喜欢吃的橘子,我眼巴巴的等着发给我。可是,韩老师居然说没有我的。为什么没有我的,老师太不公平了。妈妈是园长,我要找妈妈告状去。我气势汹汹到办公室找妈妈,"妈妈,太不公平了,为什么没有我的桔子呢?""因为你不按时入园,老师不知道你去,没领你那份,下次你按时到校就有了。""可是,我现在就想吃。""你今天迟到了,这是你做的不对地方,你要知道你错了,这样老师就可以原谅你了。你知道错了吗?""我知道了。"我回答着。"好吧,走,妈妈带你去找韩老师。你要给韩老师承认错误,老师会原谅你的。她会发给你橘子吃的。"妈妈带我找到了韩老师:"韩老师,世一知道自己错了,

成长 的礼物

你去给世一领一个橘子吧,她下次再也不会迟到了,是吧,女儿?"我点点头:"保证,妈妈"。我得到了爱吃的橘子。

我知道迟到是不对的,我以后不会再迟到了。

我的感悟:

只有遵守时间,不迟到,才会有桔子吃。我一定要做一个准时不迟到的好孩子。

(女儿篇)

第三十三个故事
DI SAN SHI SAN GE GU SHI

打破沙锅问到底

我是一个"问题"小女孩，可不是说我有毛病，而是说我爱提问题。有打破沙锅问到底的精神。从小就这样，也许这就是思索问题的能力吧！在妈妈的"女儿的成长日记中"妈妈就曾经有过这样的一小段记载：7日是领取预防脊髓灰质炎糖丸的日子，你看着这个白色的小球很好奇："妈妈，这是什么东西呀？""是糖丸，预防腿病的。""那为什么像雪一样白呢？是不是雪做的呀？"这可把妈妈问住了。"等明天问医生吧。""妈妈我爱吃这样的药，可是我的腿也没病呀？""是预防药，吃了腿不会得病。如果得了腿病，你就不能走路了。""太可怕了。妈妈，是不是小朋友们都有份儿呢？""都有，快吃吧！"你的思维能力妈妈一直很欣赏，如果妈妈不催你，等你问完了，这糖丸就化没了。吃着糖丸也堵不住你的嘴。"妈妈，糖丸真好吃，我还想吃一个。""不行，等到下个月的今天才能吃。""妈妈，你让医生多进一些吧，以后生病了就不用吃苦药了，小朋友们一定也爱吃。""等妈妈见到医生再说，好不好？""好吧，谢谢妈妈。"妈妈说："你是一个什么事都要打破砂锅问到底的孩子，吃一个糖丸就这么多问题，希望你以后在学习当中也有这种精神。"看到了吗？我就是这样一个女孩，我渴望获得很多很多的知识。

成长 的礼物

我的感悟：

> 问清楚了才明白，明白了才不会再问了，嘻嘻。

（女儿篇）

第三十四个故事
DI SAN SHI SI GE GU SHI

诚实守信的爸爸是我的榜样

爸爸是一个非常守信的人,我在他的身上学到了诚实守信的品质。在我的记忆里,爸爸从没有失信于我和哥哥。我爱爸爸。

冬天,天气特别冷。我好久没去大成山公园骑马了,骑马是我的爱好。以前都是爸爸在进货时,带上我,进完货后,带我去骑马。可是,现在没听爸爸念叨要去进货呀。怎么办呢?于是,我为了达到目的,开始耍小聪明:"爸爸,你今天去唐山进货吗?我和你一起去,不捣乱。"没想到爸爸一听就明白了我的意思。爸爸笑着说:"女儿,是不是又想骑马了?"爸爸每次去进货,都顺便带我到大成山骑马,他肯定就明白了我的意思了。"如果你想骑马,爸爸就去进货,进完货,就带你骑马,好不好?""太好了,爸爸说话算话,不许反悔,谢谢爸爸。""爸爸从来也不说谎。"虽然天很冷,进完货,爸爸还是带我去了大成山。很可惜的是由于天太冷了,公园已经没有马可骑了,只能骑了骆驼。那天,我们回来的时候都已经很晚了。妈妈责怪爸爸这么冷的天不早点回来。爸爸说:"答应孩子的事就必须做到。"老师曾说过承诺是金。爸爸答应我的事,从没有失信过。爸爸的这种品格是我学习的榜样!

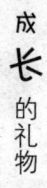

成长的礼物

（女儿篇）

我的感悟：

诚实守信的爸爸是我学习的榜样。我一定也要做一个诚实守信的人。小朋友们让我们一起来做诚实守信的人吧！

第三十五个故事
DI SAN SHI WU GE GU SHI

梦的秘密

我爱做梦,我还特别喜欢做梦。因为,我喜欢把我做的梦告诉妈妈。妈妈喜欢我和她讲梦的故事。妈妈说:"女儿,你的梦就像是神奇的故事,我特别爱听心圆给我讲梦的故事。"可是,哥哥就和妈妈不一样。和他讲我梦的故事,他总是笑话我。所以,我就不再和他讲了。还要妈妈给我保守梦的秘密。我只讲给妈妈听,这是我们两人的秘密。

晚上,我一觉醒来,趴在妈妈的耳边轻声说:

"妈妈,我告诉你一个秘密。"

"什么秘密呀?"妈妈知道我要给她讲梦的故事了。因为从小我就这样,只要一做梦,就会告诉妈妈。

"妈妈,我做梦在跑步呢,我跑得很快,比很多人跑的都快,比汽车还快,汽车都追不上我。"

"女儿,千万不要和汽车赛跑,那是很危险的。"

"妈妈,没关系,我在人行道上跑呢。我一边跑一边跳跃,碰到有人就拐弯儿,和电视上的一样。"

"呵呵,你是个体育迷。从2008年奥运会开始,你就迷上了体育。"

"妈妈,我要得金牌送给妈妈,让妈妈高兴,妈妈,你高兴吗?"

"高兴,真是妈妈的好女儿。"

成长的礼物

"谢谢妈妈,你要给我保密呀,不然哥哥回来还不笑话我。保密,坚决保密,记住了吗,妈妈?"

"记住了,一定保密。"

"谢谢好妈妈!"我一脸的满足,一脸的憧憬。妈妈说我的语言表达能力很强,讲得故事绘声绘色。妈妈特别的喜欢听。

我的感悟:

让梦的秘密成为我和妈妈永远的秘密。以后,我还会为妈妈讲我梦的故事。

(女儿篇)

第三十六个故事
DI SAN SHI LIU GE GU SHI

经　商

别看我小,我也和爸爸一样,同样是个商人。我也会经商,真的,我卖的是玩具。而且我做买卖一次也没有赔过。不信?大家就接着看。

一天晚上,我看着我的玩具柜里有很多我不玩的旧玩具。说是旧,其实也挺新的,大家应该还记得我是一个玩具控。所以,我的玩具都是玩过没几次的。这些玩具堆在这里也是浪费,我灵机一动,在电视上不是有很多出售旧玩具的小朋友们吗?他们把玩过的玩具卖了钱,然后自己存起来,对就是这个主意。我是想到哪就干到哪。于是,我接了一盆水,找了小动物的塑料玩具,一边洗一边和妈妈说:"妈妈,我要把这些玩具洗干净,然后卖给别人,把钱给妈妈留着、给自己留着。"爸爸正好在,他说:"女儿,旧玩具不会有人买的。"妈妈却说:"你不要打消孩子的积极性,女儿,可以的,你可以便宜点卖,卖了钱可以再买你喜欢的东西或者捐给希望工程。""妈妈,什么是希望工程呀?""希望工程就是资助贫困地区和你一样大的失学儿童重返校园。让他们和你一样能够上学接受教育。女儿,你愿意帮助那些上不起学的小朋友吗?""我愿意,他们太可怜了。""好,你把这些玩具洗干净,然后卖给需要的小朋友,然后,把赚到的钱捐给希望工程。妈妈支持你!""好。"我真高兴呀,如果我能帮助上不起学的小朋友们和我一样去上学,我会非常地高兴的。妈妈和爸爸看

着我忙来忙去，也是非常地高兴。妈妈说："心圆，你和哥哥一样，从小就有经商意识。你哥哥在你这么大时，从幼儿园花五角钱买的玩具，五块钱卖给你表哥。看你表哥哭着闹着，你姥爷每次都乖乖掏钱，你哥哥通过卖玩具攒了不少钱。不过你可不能像你哥哥那样去赚钱，你要用正当手段去赚钱。等你长大了经商才能绝对一级棒！"是的，一定会的。

还有一次，也是我经商的趣事。也给大家讲讲，绝对有意思。

那天，我和爸爸出去玩儿。我早就把附近大大小小能玩儿的地方都玩遍了。对我一点也没有吸引力了。这时，我看到吉远家快餐店，就推门进去了。在里边绕了一圈，我就被店里买会员卡赠送的赠品强力吸引住了。这是一套鸭妈妈和鸭宝宝的玩具。店里边说什么也不卖。爸爸看到我爱不释手地样子，不忍心让我失望。爸爸马上拿出500块钱办了一张会员卡。我如愿以偿的得到了这套玩具。哈哈，爸爸还以为我喜欢玩这套玩具呢，其实呀，我是有我的想法的。

我拿着玩具兴高采烈地回家了。一边跑一边唱着歌。妈妈正在里屋看书，我跑过去冲着妈妈说："妈妈，你看小鸭子漂亮吗？""漂亮，哪里买来的？""500块钱，妈妈，我要卖鸭子挣钱，挣好多的钱。"一下子，我的话把妈妈雷倒了在那里。"卖鸭子？"还没有等妈妈回过神来，我就已经吆喝上了："卖鸭子了，卖鸭子，一块钱一个，很便宜的，阿姨，买一个吧？"我冲妈妈喊着。这个时候，家里人就变成了我的顾客了。"太贵了，不买！"妈妈说。"阿姨，很便宜的，再不买就要被别人买走了，你就买不到了。卖鸭子，卖鸭子！"哥哥这时候对我说："你卖的太便宜了，傻妹妹，你这样便宜会赔钱的，你应该卖10块钱一个。""真的吗？太贵了别人不买怎么办？""不买就不买呗！""那可不行，我要卖了鸭子，再去买好玩的玩具，不然我没钱，卖鸭子了。"我才不会听哥哥的呢，我要把玩具卖出去才行。呵呵，反正我没有花钱，卖多少我就赚多少。妈妈看我这个不卖掉鸭子不罢休的劲头儿，只好买下了我全部的鸭子。我像模像样地说："谢谢阿姨，我走了，我还要去买玩具，然后你再来买呀，再见。"我刚刚说完，一家子都哈哈地大笑了起来。

我的生意就这样成功了。看来我真的是有经商的能力的呦！嘻嘻。赔本赚吆喝！

低价买来，高价卖，不能赔本。生意也挺有意思呀！

第三十七个故事
DI SAN SHI QI GE GU SHI

打碎了奶瓶的故事

小伙伴们，你们打碎过奶瓶吗？知道我一共打碎了几个奶瓶（妈妈说玻璃的奶瓶更卫生一些）吗？四个！你们知道我是怎样取得妈妈的原谅而没有受到批评的吗？嘻嘻，我不说，这可是我的绝招！好吧，还是给大家介绍一下我的经验吧。

凌晨两点十分（有很多的时候，我在白天睡足了，夜里就不睡觉了。是不是有的小朋友也这样呀？），我正在津津有味地看电视动画片《海绵宝宝》。一边看一边吃着面包、喝着绿茶。妈妈早困得不行先睡了。

"砰"，奶瓶掉地上摔碎了。

"对不起，妈妈，奶瓶子又摔了，对不起，妈妈，我不是故意的。是因为不小心，对不起，妈妈，你原谅我吧。"这是我百试不爽的绝招。一定要在妈妈还没有发怒之前赶紧表现和求得原谅。这样，妈妈基本上是不会责骂我的。果然：

"好，妈妈原谅你。"嘿嘿，又成功了！

"女儿，你平时很小心的，告诉妈妈这次怎么摔的？"

"我放小床里了，它自己掉下去的。"确实是这样，这次我真的没动它。只不过，只不过刚才看电视太入迷，用力晃床来着。

"哦，也难怪，小床挡板像栅栏一样，稍微一动奶瓶子就从缝隙里掉出去。你怎么会没想到呢？这可是你摔碎的第四个奶瓶了！"

"妈妈，你还是先把碎奶瓶子扫出去吧，我看着不开心。"

"妈妈没批评你，你有什么不开心的，以后小心点儿就是了，明天妈妈再给你买个新的，一会儿你先用杯子喝。"

"不用了，妈妈，以后好好吃饭，不喝奶了。"我是故意这样说的，这样妈妈就会逼着我喝奶了。

"好好吃饭也要每天喝两杯奶，这是别的饭代替不了的。"妈妈用杯子给我冲了奶粉，不论怎么劝，我就是不喝。

"以后妈妈不给买奶粉了。"妈妈生气了。

"不行，明天买了新奶瓶子我还喝，不然把我饿死了怎么办，你就没有老闺女了。"适可而止。要不，妈妈该真生气了。

"你这个孩子呀。"妈妈给气乐了。

哎，打碎了奶瓶的故事结束了。妈妈又给我买了新奶瓶，我又成功地用着新奶瓶喝上了奶。

我虽然用了点小心眼，但是妈妈并没有真的生气。以后，一定要仔细些，不让第五个奶瓶再摔了。

第三十八个故事
DI SAN SHI BA GE GU SHI

苏氏披萨

有一天,我正在聚精会神地看动画片,动画片里的披萨一下子就吸引了我。那披萨看起来真是太好吃了。我从来也没有吃过披萨,好吧,我自己来做一个。让妈妈也尝尝。

说做就做,我找来了两个小面包,披萨是扁的,怎么办呢?我可是吃过汉堡。我拿起小面包就放在了桌子上,然后,我就用力的压。面包压扁了。在来一个。呵呵,两个面包饼成型了。电视上,披萨的面上还抹东西的。抹什么呢?有了,我爱吃的奶粉呀。于是,我将奶粉撒在了两片面包上,用手使劲的抹了抹。再放两片菜叶,最后将两片面包一叠。哈哈,我的披萨成功了。

"妈妈,快尝尝我做的披萨。"我兴高采烈地拿着我做的披萨给妈妈吃。妈妈可高兴坏了。"闺女,你真是一个小人精。妈妈,真是太爱你了。"呵呵,我本来就是一个小人精!我又做了好多个披萨,等爸爸和哥哥回来了也让他们品尝一下!

我的感悟：自己做出来的东西格外的香。我的披萨是苏氏的。

第三十九个故事
DI SAN SHI JIU GE GU SHI

河里滑冰很危险

今天是大年三十,天刚刚亮的时候,鞭炮声就把我吵了起来。我揉揉还没有睡醒的眼睛,妈妈一脸担忧的看着我:"是不是,鞭炮吵醒了女儿?""嗯。""今天是大年三十嘛,大家都在庆祝过年。""妈妈,今天太冷了,河里都结冰了,有很多人在滑冰,那是很危险的。应该去滑冰场,我也有滑冰鞋,妈妈有时间我们去滑冰好吗?一会儿要下雪了,然后我就可以堆雪人,还可以滑雪,对不对?妈妈。"我还沉浸在我的担忧之中,没有去想鞭炮不鞭炮的事。因为这几天,我在电视上看到过有小朋友在河上滑冰儿掉到冰窟窿里的事。我一直为这件事担忧着。"对,在河里滑冰很危险,女儿一定不会做这么危险的事情。""妈妈,我不会去河里滑冰的。那里太危险了。我可不能看不到妈妈。不过,我真的为那些在河上滑冰的孩子担心呀!""女儿,你真有爱心。你的担心是对的。你一定要告诉你身边的小伙伴们人,让他们一定不要到河里滑冰,好不好?""好。妈妈,你去看看下雪了吗?""快了,很快就会下雪,你的愿望马上就会实现。"好呀,我又可以和哥哥一起堆雪人了!"

不过,我在这里和所有小朋友们说一声:河里滑冰很危险,一旦发生危险,你就不能再见到妈妈了。小伙伴们一定要记住呀!

我的感悟：

我很为那些不听话的伙伴们担心，河里滑冰真的很危险！大家一定要牢记呀！

第四十个故事

DI SI SHI GE GU SHI

苏氏饺子

妈妈说今年是兔年，玉兔送福，吉祥安康！"过年喽……过年喽……妈妈快把我的新衣服找出来，我要给姥姥、姥爷、姨妈、舅舅拜年去了。姥姥、姥爷祝你们'福如东海、寿比南山'、舅舅、姨妈祝你们'身体健康、财源广进'，谢谢压岁钱！""你听听，女儿演练的目的就是要压岁钱呀。"妈妈、爸爸呵呵地笑着说。我的家里沉浸在过年的欢乐中。中午，我们一家来到了姥姥家过年。所有人都围坐在一个大桌子上。我的压岁钱可多了呢，大家都夸我长得像明星、说话像演说家。为了谢谢大家，我使出全身的力气为大家表演了最喜欢的儿歌《小松树快长大》，朗诵了《夜静思》和《弟子规》。尤其是《弟子规》，他们听的都不说话了，可认真了。姥爷表扬我说："真不错。"你们是不知道，姥爷可不像我的妈妈，平常可不爱表扬人呢！晚上，妈妈开始为年夜饭忙活开了。其中就包括必不可少的饺子。包饺子对我来讲真是太神奇、太有诱惑力了。可是，妈妈一定不会让我包的。我拿出了看家本领："求你了，老妈，我想给你帮忙，好妈妈，求求你了。"每当这时候，妈妈肯定是无可奈何，我的计谋就会得逞。这次也不例外，妈妈给我擀了一个皮儿，放了点儿馅儿："知道怎么包吗？看着妈妈怎么包，跟妈妈学。""我知道怎么包。"我有些不情愿，妈妈还不相信人！哼！我一点一点的学着妈妈的样子，凑合着把边捏紧了。

妈妈一看掐的还挺结实,于是,就高兴地夸了我。我高兴坏了,像明星一样伸开双臂,给妈妈鞠了一躬:"谢谢妈妈夸奖我。

妈妈我也想用小棍儿自己擀皮儿,我会的。"还没等妈妈答应,我就把擀面棍儿给抢过去了,像模像样的擀起来。只不过,无论我怎么擀,皮儿都是长的。妈妈在旁边呵呵笑着,"挺好了,能擀成这样也很难得了。"妈妈给我在皮儿上抹了点馅儿,我沿着边儿几下就给捏好了。我也学着妈妈的样子摆在托盘里,可是我包的饺子是站不住的,只能躺着。妈妈很高兴:"心圆,你多包几个吧,今天晚上你就吃自己包的饺子。妈妈相信,全国也不会有几个你这么大的孩子,在除夕夜吃上自己包的饺子的。""谢谢妈妈鼓励我,我会都吃了的。"饺子下锅了,很幸运,我的饺子一个也没碎(馅儿小)。我香甜地吃着自己包的饺子,心里甭提有多美了。

大年三十这天是快乐的一天,我第一次成功的制造出了我的苏氏饺子。

饺子其实也是挺好包的,试试就知道了。

第四十一个故事
DI SI SHI YI GE GU SHI

我心目中的爸爸、妈妈

在我的心目中,爸爸是高大的,一个是长得高大,另一个是眼睛很大。他是世界上最好的爸爸了,哥哥非常喜欢爸爸。哥哥说,妈妈上班,陪哥哥读书最多的就是爸爸,他要感谢爸爸一辈子,我也要感谢爸爸一辈子。爸爸到唐山进货,都要带上我去公园里玩呢,还和我骑马。要是不带我了,回来的时候,就给我买来好吃的、好玩的,我要什么爸爸就一定满足我……妈妈说这是"溺爱"。可我就是喜欢爸爸,他说到做到,从不撒谎。有一次我病了,想要蜗牛,就让爸爸去找。爸爸说:"好,现在爸爸就给闺女找去。"不知道去了多长时间,我迷迷糊糊地听到了爸爸小声地说:"女儿,蜗牛来喽、蜗牛来喽……"我睁眼一看,呀,真的是我做梦都想要的小蜗牛。它一会儿就爬出来了,还有两只犄角呢!你们知道吗?看到小蜗牛我的发烧都好了,爸爸是不是特别高大呀?

妈妈在我的心目中最伟大:一个是有伟大的爱心,另一个是有伟大的事业。妈妈36岁才生了我,不但每天照顾我,还培养哥哥上了大学呢!最了不起的是,妈妈创办了两个"新起点幼儿园",我和妈妈都是"园长"。我的妈妈呀最有爱心,经常做公益事业,还给地震灾区捐钱了呢。这些事他们是不会让别人知道的,我就知道一点点,嘘……不是瞎说的。亲爱的小朋友们,你们说,我这样的爸爸、妈妈可爱不?

真可爱!

嘻嘻……

我的感悟:

爸爸、妈妈就是我的全部。

第四十二个故事
DI SI SHI ER GE GU SHI

我为自己搭建的舞台

　　那一天我心血来潮，已经不记得确切的时间了。我在家里搭建了一个只属于我自己的舞台。我搭的是什么样的舞台呢？——用书搭建的。现在想起这个事情。我都会笑出声来。因为，我做的这件事是一件非常有意思的事。

　　大家都知道我非常喜欢表演。我无时无刻都想登上舞台给观众表演。那一天我突然就冒出了我要给自己搭建个舞台的想法。反正家里除了哥哥，爸爸、妈妈都不在家。于是，我说干就干。

　　我把书从里屋一本一本的铺在地上，直到门口拐弯，然后一直延伸到门厅。我的星光大道就在我的手里铺设成功了。可是舞台呢？我怎么才能把舞台搭起来呢？用书来搭？不稳固！用凳子？太高了？用什么呢？一眼我就看到了一个书的包装盒，很牢固，而且还挺大的。我站在上面非常的宽敞。我高兴极了。我把盒子放在了书的尽头，和书正好搭界。我的星光舞台终于搭建好了。我兴奋的跳跃着，嘴里已经开始哼起来歌。我要开始演出了！

　　"下面，有请苏世一上台表演。请大家用热烈的掌声欢迎！"我先在台上给自己当起了主持。说完，我马上跑到书路的尽头，光着脚沿着"星光大道"向着舞台走去。嘴里给自己伴着乐，我心里甜甜的。一会，我就来到了"舞台"上。"谢谢大家的欢迎,我先给大家演唱一首《战士的歌》,希望大家喜欢,谢谢!"我像模像样地开始演唱……我唱完这首唱那首,我把会唱的歌唱了一遍又一遍。而且我还朗诵了好几首诗歌!哈哈,真是过瘾呀!突然,我发现哥哥在拿手机对着我,嘻嘻,哥哥肯定在给我录像呢!好吧,看在给我录像的面子上,我给哥哥献上一首诗吧。让我想想,"哥哥呀,好哥哥。你就是我的好哥哥……"哈哈,我给我哥哥献上了我作的诗,哥哥可是笑歪了嘴。

最后,演出结束了,我在台上冲着哥哥说:"演出结束了,请苏世一发表获奖感言。"说完,我就调整了一下姿势,假装着把话筒放在了嘴边说:"我要把奖牌献给我最亲爱的爸爸、妈妈,我爱爸爸、爱妈妈、爱哥哥、爱姥姥……"

我自己的舞台,我会永远记住它。

我的感悟:

我可以自己搭建舞台,表演给自己看,也挺好玩的。

第四十三个故事
DI SI SHI SAN GE GU SHI

玩具的意义

今天我要妈妈领着我去广场玩儿,妈妈说有点累了,但我一连串的"好妈妈我爱你,你辛苦了,陪我玩就不累了。"的话还是把妈妈逗乐了。在去广场的路上,妈妈要给我买水喝,我说:"不用了,买个玩具就行了呗!""还买玩具呀,咱们家都堆成山了""你不是说把旧的玩具送给困难小朋友吗?""好吧。""回家后,你要把你玩过的玩具都擦干净,我们好装箱子送给还没有玩过玩具的困难小朋友好吗?""好!""舍得吗?""舍得,我长大了还要制造好多好多的玩具送给他们呢!""我们的世一真有爱心。""谢谢妈妈,我是向妈妈学的呀!"

在玩具店,我一眼就看上了一套芭比娃娃和一套托马斯火车,这两件玩具我以前都玩儿过。妈妈说换一套没玩过的,但是因为颜色不一样,我说什么也不肯。任凭妈妈怎么劝,我都坚持要买,拿出自己一贯的"求"的战术。妈妈在这种时候一向会答应我,这次也不例外。回家的路上,我高兴地哼起了自编的歌儿:"我的好妈妈,满足了我所有的要求啦啦……"回家后,我赶紧让妈妈给我装上,可妈妈就是怎么也拼不上火车的跑道,只好向爸爸求助。跑道拼好了,妈妈又找不到开关,找不到哪里放电池。我真的有点着急了:"妈妈,这有安装图啊,还是我自己来吧!"我一下找到了包装盒上的说明图:"妈妈,你看,这里拆开就行了,电池在车头的红色盖子下面呢。"妈妈一看，图上标的很清楚，我咔嚓一下就把盖摘下来了，麻利地装上了电池，打开开关，小火车呜呜地开了起来。我一边玩儿一边说："谢谢妈妈满足我的要求，明天我也满足你的要求，说话算话。"

这两个玩具我只玩了两个星期，就让我擦干净和其他玩具一起送给困难小朋友们了。姨妈说多可惜呀，妈妈却说一点都不可惜，每件玩具买的都值。因为，通过玩玩具，增强了我的观察问题，发现问题，解决问题的能力，也就是达到了开启智慧、提升能力的目的。钱流失了还有机会赚回来，但我得到的却是一生的宝贵财富。虽然不太理解妈妈的话，但我知道妈妈是为我好的。

小朋友们，你们是不是和我一样也特别喜欢玩具呀，但我有一个小小的建议呀，就是不光觉得有乐趣，还要想想玩具的整个组装、为什么会发光、眨眼睛什么的，不懂了就问一下大人们，他们可喜欢告诉我们呢，妈妈说这叫思考能力，就是孩子们玩玩具的意义。还有啊，爸爸、妈妈们如果知道我们会思考了，可愿意给我们买更多的玩具呢。这可是我的小秘密呀，我都告诉你们了呀……嘻嘻！

第四十四个故事
DI SI SHI SI GE GU SHI

第一次游泳

　　小伙伴们，你们还记得自己第一次游泳时是什么样子的吗？我还记忆犹新。在第一次游泳时，我没有因为惧怕而放弃。我喜欢游泳，我喜欢挑战。

　　记得第一次游泳是在妈妈的幼儿园中。那时，妈妈的幼儿园刚刚把游泳池建好。但是还没有水，我就一直缠着妈妈，问她什么时候就能够放水游泳。我对新奇的东西一直是非常感兴趣的，妈妈说等天气热了的时候。于是，我天天盼望着天气赶快热起来。在此期间，我早就让妈妈给我买了泳衣，而且，我早就在家里偷偷的穿过好几次了。好像过了好长时间，终于可以游泳了。

　　这一天，爸爸妈妈带我来到了幼儿园。因为，我知道今天来游泳，所以来的特别早。我第一个跑进了游泳教室。我心里急坏了，让妈妈帮我换上了泳衣，迫不及待地来到了泳池边。妈妈问我："女儿，害怕吗？""这有什么怕的。"我就想自己下水了。妈妈赶紧扶着我进了池子，嘴里不停的念叨："小心点！"我一点也没有害怕，反而感觉很痛快。其实，我在家里的小池子也能简单的像小狗一样刨两下，所以，我觉得在这个大池子里，也没问题。哪知道，我刚进入到池子里，咕咚一下，咳~~咳~~，呛水了！妈妈赶紧把我拉上来，我不停的咳嗽着，眼泪都被呛出来了。爸爸赶紧给我拿来了泳圈，我可不愿意套在身上，一点也没有游泳的感觉。可是，妈妈不让，所以，我就趴在了上面，在水里游开了。可是，令人郁闷的是，我自己竟然前进不了，只在原地扑腾！妈妈在岸上直乐。于是，妈妈就推了我一下，想助我一臂之力。这一推可坏了，我翻下了泳圈，一下子沉到了水底。还好，我自己会摆动手臂，双腿也会扑腾，在瞬间就自己浮起来了。这下可把妈妈吓坏了，差一点就扑池子里来了。不过，我可没有害怕。虽然喝水喝的有点难受，但是我游泳的兴致可是丝毫没减。我向妈妈要毛巾擦了一下脸，虽然被呛得又流泪了，可是，我还是又回到水里了。妈妈在岸上大声冲我喊着："女儿，你真勇敢！"呵呵，我就是想游泳。后来，妈妈找来了董阿姨教我。在董阿姨的耐心辅导下，经过一个小时的练习，我已经游得差不多了。我终于初步学会了游泳，嘻嘻，像点游泳的样子了！

学游泳要有胆量，虽然喝了好几口水，但是，我最终还是学会了游泳！

这就是我：苏世一。我可喜欢游泳了，你们看，我游泳的样子是不是像一条小美人鱼啊，这可是我第一次下游泳池游泳啊……

第四十五个故事
DI SI SHI WU GE GU SHI

第二次游泳

　　第二天，我又和妈妈一起到游泳池来游泳了，这是我第二次游泳。因为有了昨天的经验，所以，今天，我特别地有信心。下水后，不再像昨天那样急着就往前游了，先抱着泳圈在水里自由的玩儿玩，还是挺好玩的。妈妈虽然在岸上，但是，我还是不太敢试着游起来。"妈妈，董阿姨在吗？"我还是比较相信董阿姨。因为，昨天在董阿姨的教导下，我可以放心地游。妈妈告诉我，董阿姨没有在，那可怎么办呢？我在水里没有董阿姨的指导我还是不能真正的游起来。嗯，想想，有了！可以这么办。我让妈妈找来一根小木棍，把木棍用绳子拴在泳圈的马脖子上。妈妈问我为什么这么做，我说这样在我落水时，我就可以抓住小棍，不会被淹死了。我的主意怎么样？妈妈直夸我聪明，我心里喜滋滋的。妈妈按我说的绑好了，我感觉心里踏实了，胆子就大了。妈妈说小心点，我说没事，万一落水了，就抓住小棍。我开始游泳了。我趴在泳圈上用脚用力的打着水，我晃晃悠悠的前进了。正游的高兴时，董阿姨来了，我就让妈妈下岗了，嘿嘿。董阿姨就是有本领，我在她的指导下，一点点的游得有模有样了。我趴在泳圈上，手划着水，腿也像小鱼一样摆起来了，一圈圈的水花被我甩在了身后。妈妈在岸上高兴地笑着。嘻嘻……妈妈，我游的还行吧？

我的感悟：

加强练习，不怕吃苦，我会很快学会游泳的。

第四十六个故事
DI SI SHI LIU GE GU SHI

妈妈，我是个好孩子吗？

"妈妈，我是个好孩子吗？"我问妈妈。

"是呀！亲爱的女儿，你在妈妈眼里，聪明、漂亮、懂事……都是优点。"妈妈说。

"谢谢妈妈，喜欢我，妈妈我爱你！"我说。

"女儿，你怎么问这个问题呢？"妈妈不解地问我。

"我今天在楼下看到董园长了，我和她说再见，还祝她一路顺风，让她明天还到我家来，董园长说我真是个好孩子。"我说。

"今天女儿非常有礼貌，以后也要做个有礼貌的好孩子，不仅要对长辈有礼貌，还要和小朋友友好相处，和他们一起分享你的玩具。"妈妈说。

"知道了，妈妈，谢谢妈妈教我。"

我为什么会问妈妈这个问题呢？因为我以前一点也不喜欢董园长。以前，她总是批评我。可是，在那次董园长教我游泳后，我就完全地信任她了，喜欢上她了。尤其这次，她还夸奖我是个好孩子，我从心里就觉得董园长太好了。

妈妈，我永远是一个好孩子。

成长的礼物

我的感悟：

董园长对不起，我以前做错了。我会成为一个真正的好孩子的。相信我。

（女儿篇）

第四十七个故事

栽　花

春天来了，树叶长出来，小草长出来。妈妈和我们说，现在是栽花最好的时节。我们要利用这个时节为幼儿园的小花园栽花。我和小伙伴们一听都很高兴。

这天下午，起床音乐刚刚响起来，妈妈就一边拍手，一边叫我和小伙伴的名字："心圆、大宇……起床了，我们去栽花了。"听到妈妈的话，我第一个就坐起来了："妈妈，是真的吗？"彤彤第二个醒了："老师，我也想栽花……"随后，小朋友们一个个都起来了。休息了一会，我和小朋友们在老师的带领下，来到了小公园。我看到栽花的小土坑都挖好了。妈妈让我们按站队顺序轮流栽，老师在旁边给我们照相。小朋友们你看看我，我看看你，都没有主动上前栽花。我说："妈妈，我来第一个栽吧。""好吧。"妈妈同意了。于是，我欢快地跑上前，从妈妈的手里接过了康乃馨在小土坑的边上蹲了下来。我小心翼翼地把一棵康乃馨放在土坑里，妈妈提醒我要把花放在土坑的正当中。我摆正了花的位置，就开始培土。一会儿，一棵花就栽好了。妈妈和老师都夸我做得非常棒。我高兴地笑了。我拍拍手上的土，看看老师，又看看妈妈，脸上挂满了成功后的满足、喜悦。其他的小朋友在我的带动下，在老师的耐心指导下，也都成功地栽好了属于自己的康乃馨。

花栽好了，我们就等着开花了。

我的感悟：

我天天照顾着我栽下的花，我盼望着花早日开放。

大家请看，这就是我栽下的康乃馨，它开的花可香可漂亮呢！妈妈说康乃馨是代表对母亲的爱，我栽下的这颗花就是对妈妈的爱！小朋友们，你们也为自己的妈妈栽上一棵康乃馨吧！

第四十八个故事
DI SI SHI BA GE GU SHI

勇于承担责任

今天早上我把妈妈准备的奶喝了，我就不饿了。到了幼儿园，正是吃早饭的时间，老师一个劲儿地劝我吃饭，可是我一点都不饿了，怎么就不相信我呢？我趁着老师不注意，哧溜，我就跑出来了。今天还挺冷的。我在幼儿园里就玩开了。这时，妈妈突然看到了我，把我抓住了。妈妈很严厉的批评了我，然后带着我来到了教室。老师看到妈妈和我进来时，一下子就不自在了起来。"怎么回事？"我听妈妈在对老师说："孩子怎么会偷跑出去？"妈妈很严肃，我有些害怕了，赶紧跑回了座位上。

晚上妈妈有事回来得很晚，什么话也没跟我说。可是，夜里我因为白天偷跑出去玩冻着了，开始发烧咳嗽。这就是我偷跑出去玩的结果。

第二天一早，没想到我的病并没有严重，反而好了。这样我就要去上学了。我不愿起床，这时妈妈和我说："女儿早上好，快起床，妈妈今天要早点上班，要罚你们老师昨天的工资，因为她们让你自己跑出去了。"啊？还要罚老师呀，可是，那是我自己跑出去的呀，和老师没关系。"妈妈早上好，求求你了，妈妈，原谅老师一次吧，再给老师一次机会吧，是我自己跑出去的，不怪老师。"我的话说完，妈妈好像很高兴地样子。"那你以后是不是要听老师的话呀？""听话，我一定做一个听话的好孩子。"妈妈笑了，说："嗯，乖女儿，你一定要做一个听话的好孩子，一个勇于承担责任的好孩子。""是,我一定做个勇于承担责任的好孩子。"妈妈抱着我笑了。

知道自己做错了,就要承认自己不对,不要怪别人不好,这是妈妈教给我的"心语"……

第四十九个故事

钱并不是最重要的

我喜欢旅游,所以一直都在和妈妈请求去旅游。虽然我和妈妈已经去过了很多的地方,但是我还是对旅游有很大的期望。但是,妈妈告诉我,要旅游可以。可是要听她的话,要注意节约,不能乱花钱。我深深地记在了心里。在一段时间里,我对钱非常的重视,仿佛没有了钱就什么也没有了一样。

比如早晨,只要妈妈说:"早上好,心圆,起床了。不然妈妈迟到了要被局长扣工资的,我们就没钱去旅游。"那我就会马上跳起来,"不,妈妈,咱们不能迟到,咱们要有钱才能去旅行。"

再比如有一天晚上,我和爸爸妈妈路过烤鸭店,闻着阵阵的香味,我真想吃呀。可是,我不舍得买,和妈妈说:"妈妈,今天不买,明天我们再买,好吗?"妈妈看我馋的那个样子,知道我很想吃烤鸭。妈妈说:"女儿,想吃就买吧。"我高兴地说:"太好了,谢谢你,妈妈。"妈妈问我:"女儿,你既然想吃烤鸭,为什么和妈妈说明天再买呢?"我不假思索地说:"妈妈,我怕你没钱,你不是说这几天什么都不买,攒钱买票去旅游吗?你的钱还够买票吗?"妈妈看了我半天说:"女儿,妈妈的钱足够买车票的。"我高兴了起来,"那我们就可以去旅行了。"可是,直到一天的早晨,妈妈的一番话才使我明白了钱并不是最重要的。

那天早晨，我起得比妈妈早，"妈妈，天都亮了，今天不值班吗？""今天放假，妈妈陪你。""不值班能开工资吗？我们旅游的钱够了吗？""够了，过几天我们就去旅游，你放心吧。""太好了，谢谢妈妈，妈妈，我想让你成为有钱族。""你知道什么是有钱族吗？""知道，有很多钱，我从电视上看到的。""女儿，钱不是最重要的，幸福、健康、快乐才是最重要的。你自己没钱，你感觉幸福吗？""幸福呀，我有爸爸妈妈哥哥爱我。""你没有钱，你快乐吗？""快乐，我有爸爸妈妈哥哥爱我，妈妈还带我去旅游。""女儿你要记住，生活中，没钱不行，但钱并不是最重要的，一家人相亲相爱，幸福、健康、快乐才是最重要的。""妈妈我记住了，妈妈我爱你，我们什么时候去旅游？我再也不会乱花钱了，你说买什么就买什么，你说不买就不买，好吗？""好的，妈妈也爱你，这几天妈妈就安排一次。""好呀，谢谢妈妈，你要说话算数！"

从这次谈话后，我不再想钱的事情了。

我的感悟：

爸爸、妈妈、哥哥我爱你们，这比什么都重要。

第五十个故事
DI WU SHI GE GU SHI

诺诺，对不起

　　昨天，我和我的好朋友诺诺在我家吃饭的时候，电话响了，她非要抢着接电话，以为是她妈妈的。我也抢着接电话，以为是我妈妈的。我俩一碰，她的手被挤痛了，大哭了起来。妈妈在电话里问："诺诺怎么哭了？"我说："刚才我俩抢着接电话时，把她的手挤痛了……"。晚上快睡觉了，回想起这件事感觉自己错了，就对妈妈说："妈妈，我把诺诺手挤疼了，我要向她道歉。""女儿，现在已经晚上11点了，明天吧，明天妈妈带你去小二班找诺诺。""好吧，我要给诺诺一份礼物，跟她说对不起。""我女儿做得非常对，这才是妈妈的好女儿。""妈妈我不是故意的，可诺诺手挤痛了，还哭了，我也有过错对吗？""是啊，真是我的乖女儿，这么小就懂得自我反省了，现在睡觉，明天再说吧。"第二天我们早早起床，我拿了一本我最喜欢的《小兔乖乖》漫画书和妈妈一起先去了诺诺的小二班。"诺诺对不起，我昨天把你的手给你挤痛了，我不是故意的，还痛吗？还有给你这个，这是我最喜欢的书。""谢谢，咱们俩永远做好朋友！""好的。"我真高兴，诺诺答应我永远做好朋友！

我的感悟：

对待我的好朋友诺诺，不管是谁的错我都应该说对不起。

第五十一个故事
DI WU SHI YI GE GU SHI

捡烟头

爸爸今天要去唐山进货，妈妈和爸爸商量着正好带我出去玩，我好高兴呀！谢谢爸爸妈妈。我们的目的地就是三利儿童娱乐城。到了三利，可是还没有营业，我和妈妈就站在门厅里等着。这时，我看到还有很多像我们一样在等营业的人们。我好奇地观察着其他的小朋友和叔叔阿姨们。突然，我看到地上有一根没有熄灭的烟头。呀！这是多么危险呀。就在昨天，幼儿园的老师还给我们讲了火灾的危害和逃生知识。我马上挣脱了妈妈的手，跑上前去，用脚用力地踩灭烟头，弯腰拿起来看看是不是真的灭了，然后就将它扔到了垃圾桶里。我长长地舒了口气，偎依在了妈妈身边。妈妈问我："为什么踩烟头？"我说："如果不把它踩灭，是会着火的，那样会把大楼烧成灰的。妈妈，我知道着火了逃跑的方法。跑到洗手间用湿毛巾捂住嘴，火太大了跑不了就爬。"我一股脑地将昨天老师讲的火灾逃生知识给妈妈炫耀着。旁边有一个带两个小孩的阿姨羡慕地对妈妈说："你们家小孩怎么教的，懂得这么多。"我高兴坏了。一会儿门开了，我和妈妈高高兴兴地走了进去。

烟头虽小,但是有火灾隐患,我们小朋友们一定要时时牢记防灾的重要性,同时还要好好学习灾难逃生的知识。切记呀!

第五十二个故事
DI WU SHI ER GE GU SHI

我要让妈妈更漂亮

我和妈妈终于等到了三利商城开门营业了。我马上就可以在娱乐城玩了，快上四楼！我拽着妈妈快速向四楼进发。刚刚走到三楼的时候，我发现了一件特别漂亮的裙子，白色的。我一直想让妈妈穿上白色的裙子。因为，我觉得妈妈穿上白色的裙子肯定特别的漂亮。"妈妈，这里有漂亮的裙子，我要给你选一套漂亮的裙子。""不行，妈妈是来带你玩的，我们什么都不买。"妈妈不同意。"求求你了，妈妈，这个白色的裙子好漂亮啊，妈妈穿上一定好看。阿姨，我不知道怎么摘下来，你帮我摘下来，让妈妈试一试好吗？"我决定主动出击，一定要让妈妈试一试。两个服务员阿姨直夸我懂事。妈妈没有再拒绝答应了试一试。我和妈妈到了试衣间，妈妈刚一往身上穿，我就觉得特别漂亮。"妈妈，真漂亮。"我赞叹着。"妈妈，如果你的钱不够多，咱们就别去娱乐城了，我也不买真马了，我们什么都不买了。"我怕妈妈不买，我和妈妈商量着。"女儿，妈妈的钱够买裙子，也够你去娱乐城，只是这件裙子2000多太贵了。"妈妈有些心疼的

说。"妈妈,你就买下吧,你穿上很漂亮,我以后不喝奶粉了可以吧?""女儿,不用的,妈妈可不想委屈女儿,既然你这么想让妈妈买,看妈妈穿上漂亮,那妈妈就买下吧。这是女儿的心意。"妈妈也非常地高兴。"太好了妈妈。"我真的从心里高兴,因为妈妈很少给自己买东西,都是给我买,所以我能够让妈妈买件漂亮的衣服,我真是太开心了。

妈妈,我长大以后一定要让你成为最漂亮的妈妈。

妈妈很辛苦,我在心里都知道。我真心想让妈妈开心!

第五十三个故事

运动员精神

今天是2011年4月24日,我们第五幼儿园举行了春季亲子运动会,你猜猜我做什么了?运动员?对啦,不过又不全对,我还是小领队呢!是我们班小运动员的领队,当我高高地举着班牌,带领运动员入场时,挺胸抬头,精神抖擞,妈妈说我是在参赛的八个班的领队中最做得最好的一个,超过了大班的领队。

运动会现场可热闹啦,所有参赛小朋友和家长都配合得特别好,我的表现也非常棒。妈妈说,我在比赛中非常自信和从容,非常投入,以至于她为我鼓掌都没看到。我的参赛项目是40米乌龟爬和40米拾玩具。从运动会前几天开始,妈妈就陪着我练习,给我讲一些关于运动会的知识。还告诉我不管得第一也好,得第二也好,只要认真参加了比赛就是好孩子,得第几都不重要,只要我尽全力了就好,重在参与。妈妈的话我牢牢记在了心里,我在比赛中特别认真,拼了命地爬呀、跑呀。不夸张地说我的眼睛都瞪圆了,两只胳膊使劲往前伸,两只腿也拼命蹬啊蹬,恨不得长出两只翅膀飞了起来。虽然到最后累得都快动不了了,但我想想妈妈的话,还是坚持了下来。最后经过我的不懈努力,两项比赛都得了第一,哈哈,我是不是很棒啊!当我满头大汗站在领奖台上时,看到妈妈、老师和同学们为我热烈鼓掌,我的心里真的比吃了蜜还甜呢!

成长的礼物

我的感悟：

通过这次比赛，我懂得了不论做什么事，要有良好的心态，重在参与，结果并不重要，关键是要付出百分之百的努力！

（女儿篇）

第五十四个故事
DI WU SHI SI GE GU SHI

玩玩具的启示

今天早晨，妈妈像往常一样，用自行车驮着我。我们一路唱着歌，早早来到五幼。我像往常一样，在操场上荡半小时的秋千，然后第一个来到教室，因为我曾说过，要第一个上学，学习也要第一。到了教室，我就被玩具吸引了，拿着马车玩具还想要楼房玩具。可老师偏偏只让我玩一个，可是我真的想要一起玩两个玩具。我又急又气地哭了起来，老师赶紧把我搂在怀里哄我。正好妈妈路过教室，看到了，老师忙着解释我哭的原因："我让她只选一件来玩，她偏要同时玩两件。"妈妈劝我说："老师说得对，玩具要一件一件的玩，玩完了要放回原处。"我抽泣着说："妈妈，马车到站了，我只是想把马车上拉的做饭的东西搬到楼房里，做好饭给妈妈吃，给老师吃。"听了我的话，妈妈和老师都笑了。妈妈说："那你要和老师解释清楚，你自己没表达明白，这事不怪老师。你没理由哭的，以后再遇到这样的事，你先要把你的想法告诉老师，老师会支持你的。等你长大了，找工作的时候，你要把你自己的才华表达出来，让别人更快地了解你的能力，你才会成功。连自己的心事都不能说清楚的人，是不会成功的。"听了妈妈的话，我努力地点点头，高兴地玩起了玩具。

成长 的礼物

我的感悟：

自己的想法，不要闷在心里，要善于和别人表达，才能得到别人的理解和支持。

（女儿篇）

第五十五个故事
DI WU SHI WU GE GU SHI

马背上的勇敢女孩

骑马是我最喜欢的运动，妈妈叫我马背上的勇敢女孩，这一点儿都不过分，从一岁半第一次骑马到现在，我对这项运动情有独钟。爸爸终于圆了我的心愿，给我买了一匹新马，这是一匹经过训练的7岁棕红色母马，很漂亮，我骑在马背上，心里乐开了花。马稳步地走在大街上，吸引了很多人的目光，连开车的司机叔叔都放慢速度摇下玻璃，对我赞不绝口呢。有很多带孩子的家长想花钱让他们的孩子骑，妈妈说不行。我们和马还不太熟悉，万一马翻脸，怕给孩子带来伤害。有的家长不理解妈妈的心意，还说妈妈太小气呢。

今天早上，我早早地和妈妈来到幼儿园，让保安叔叔陪我骑马。正在高兴的时候妈妈担心的事还是发生了，小马翻脸了，后腿乱蹦，我一下子慌了，不知道该怎么办了。心里非常地怕却牢牢记住了妈妈的叮嘱，手始终没离开马鞍上的扶手，下巴磕在了扶手上，擦破了皮，身子从马的右侧滑了下来。事情是

瞬间发生的，虽然我被吓哭了，但是我由于学会了自我保护，只是受了一点点伤。否则，后果不堪设想。妈妈带我去诊所消了毒，抹了药，我下巴虽然很疼，还不忘提醒妈妈找人把马驯服。妈妈说："动物虽然是人类的朋友，但是它毕竟是动物。即使你是它的主人，也要做好防范。以前，你总借口是咱们家小动物的主人，毫不防范它们，今天有了这次教训，以后要牢牢记住。"亲爱的妈妈，谢谢你教给了我这么多生活的知识，我要照着你的话去做，永远是一个勇敢的女孩！

我的感悟：

> 我运动，所以我快乐！但是要在参与之前，想好可能遇到的危险情况，想出对策，做到心中有数，时刻牢记生命至上、安全第一！做任何事情，都要细致谨慎，都要学会自我保护，这样才能让妈妈放心。

第五十六个故事

奉献爱心　收获开心

妈妈说，这两天我表现得特别棒，庆六一时在台上的表演很成功。为了这次登台，在排练中我可没少被妈妈打屁股。妈妈说，因为我是她的女儿，妈妈更要对我严格要求，要我做小朋友的榜样！所以我付出了比别的小朋友更多的努力。哈哈，我没有让妈妈失望哦，节奏和动作都很到位，完成了一次精彩的表演。通过这次登台，我各方面都进步了很多。

平时的生活中，妈妈总会告诉我一些道理，帮我换上新裙子时，我问："妈妈，我穿上新裙子漂亮吗？""漂亮，但是，外表漂亮不算漂亮，要有爱心，要帮助那些需要帮助的人。""我喜欢小动物是爱心吗？""是呀！""我把糖分给小朋友们吃是爱心吗？""是呀！"早晨起来，妈妈叠被子时，"妈妈我要帮你做家务，你太辛苦了。""行，你帮妈妈扫地吧。"晚上回家的路上："妈妈，我今天不看电视，以后也不看，我要学习，要听妈妈的话，做妈妈喜欢的事。""真是妈妈的好女儿，妈妈听到这样的话很开心。妈妈也会做个好妈妈让你开心。""妈妈，我要满足你所有的愿望，你让我干什么我就干什么，好吗？""好的，但是，你也要有自己的主意，妈妈有时候也会说错话、做错事。"晚上吃鸡蛋时，我说："对不起妈妈，我以前没听你的话，不吃蛋黄，你看，今天我全吃啦！""很好，蛋黄很有营养的。"洗完澡喝水时，我又说："妈妈，这是什么牌子的水呀？""是

百岁山牌的。""是不是喝了这个水就能活一百岁？爸爸、妈妈你们都喝一口吧，不然，你们活不了一百岁，我没有爸爸妈妈多可怜呀。我还要给姥姥、姥爷，让我们家的人都喝一瓶，大家都能活一百岁。"晚上睡觉前，我翻来覆去地想心事，最后忍不住了，趴在妈妈耳边："妈妈，我要告诉你一个秘密。""什么秘密？""明天我要给老师和小朋友们拿一瓶百岁山的水，让他们都能活一百岁，你要替我保密，这是我的爱心，好吗？""好吧，妈妈替你保密，真是妈妈的好女儿，快睡觉吧，不然明天起晚了要迟到的。""妈妈你今天开心吗？""开心，非常开心。""以后我总让妈妈开心，说妈妈爱听的话，做妈妈开心的事，好吗？""好，妈妈也要做让女儿开心的事，妈妈也做个好妈妈。"

帮助别人的人，才是快乐的人。有了一颗爱心，你就会感到很幸福。

第五十七个故事
DI WU SHI QI GE GU SHI

我懂得了感恩

昨天中午,妈妈去参加一位朋友女儿的喜宴,她让佳佳老师陪我。当妈妈匆匆忙忙赶回来时,我正坐在地板上耍赖呢。原因是这样的,我喜欢看动画片,答应老师看完一集就去睡觉。不过动画片真的太好看了,我越看越想看,哪个小朋友能抵制动画片的诱惑呢?所以我耍赖不履行自己的承诺,一直要看。我看着妈妈的脸色变了,但是她强忍着没有发火。因为她知道我是个爱面子的孩子,在老师面前妈妈想给我面子。妈妈让老师先离开,然后在我的屁股上踢了一脚,又疼又怕又委屈,我哇地哭了起来。站在妈妈面前,想让妈妈抱却又犹豫、心中充满了委屈。妈妈抱起我说:"别哭了,反省一下你今天错在哪里了。""妈妈,对不起,我对老师态度不好,我耍赖坐地上,妈妈,你是不是对我很严格?""知道错就好,妈妈如果不对你严格,你会犯很多错误。等你长大了,你就会恨妈妈的。你应该尊重老师,感谢老师陪你一中午,答应老师的一定要做到。""知道了,妈妈。""妈妈打你的时候,你疼的是皮肉,妈妈疼的是心。"听妈妈说完这句话,我的眼泪又无声地流下来,真的像断了线的珠子,滴落到妈妈的脸上。"女儿,你要学会感恩。在园里,你要感恩于老师对你的关心和照顾,感恩于小朋友们对你的帮助。在家里,你要感恩于父母、哥哥和所有家人的爱,你要感恩于所有爱你的人,只有遵守自己对他人的承

成长的礼物

诺,学会感恩的孩子,才是好孩子。""妈妈,我记住了,你就原谅我这一次吧。"

我的感悟：

> 要学会感恩,在园里,感恩老师的关心和照顾,感恩小朋友们的帮助,在家里,感恩父母、哥哥和所有家人的爱,总之,要感恩所有爱我的人们。

第五十八个故事
DI WU SHI BA GE GU SHI

妈妈，我们不闯红灯

今天早上，妈妈骑自行车带着我从新起点到五幼，一路上我们要过三个红绿灯路口。第一个我们赶上的是绿灯，第二个是红灯，我们就停下来等。在这个路口，都有行人或骑车的人闯红灯。"红灯停，绿灯行，黄灯亮了等一等！"这是妈妈和老师每天都叮嘱的过马路的交通规则，不遵守规则是很危险的。这些急急忙忙赶路闯红灯的人我都看在眼里，但我只是睁大眼睛看着，没说什么。其实我是在暗地里观察妈妈的一举一动。到第三个路口了，又赶上红灯，妈妈从自行车上下来。但是晚了一步，我们稍微过了一点行车线。又有很多人在闯红灯，我看着这些急忙赶路的人说："妈妈，我们不闯红灯。""为什么？"妈妈好像是在故意在考验我问。"我们要遵守规则，闯红灯很危险，要等绿灯亮了才能过。今天，我在提醒妈妈，因为这些话，是妈妈平时对我千叮咛万嘱咐的话，我都记在心里了，同时也把安全记在心里了。"这时，妈妈回过头来夸奖我说："心圆还能提醒妈妈，真的很了不起！妈妈会永远记住的，这是你对妈妈发自内心的关爱。"小朋友们，我们不但要自己遵守交通规则，也要提醒我们的爸爸妈妈和身边的朋友，走路不闯红灯，这样才能安全哦。

成长 的礼物

我的感悟…

走路不闯红灯，才能确保安全。不仅不闯马路红灯，任何"红灯"都不要闯，时刻留心外来的危险，才能一生平安！

（女儿篇）

守交规，保平安

第五十九个故事
DI WU SHI JIU GE GU SHI

坚持！坚持！再坚持！

妈妈准备让我学打乒乓球，还专门为我建了训练室，教练也请好了。想学乒乓球，必须要有很好的身体素质。虽然我体质不错，妈妈还是想让我提前锻炼耐力和腿部力量。昨天早晨，我和妈妈一起从水景花苑新起点幼儿园步行到五幼。大概两公里的路程，我们走了四十分钟。一路上，我们边走边欣赏沿途的美丽风景。我高兴地唱着新学的歌曲："春天的小剪刀……"煤河边绿绿的草坪里不时的冒出一朵小野花，非常的漂亮。我蹲下来要摘下送给妈妈："妈妈，这花很漂亮，我摘下来送给你可以吗？""不行，花会疼，它的盛开是为了让所有人欣赏。"我点了点头，轻轻地抚摸下小花，也让它依偎在它妈妈的身边。我的歌声吸引了很多过路人的眼光，不知不觉我们就走了一半的路程。这时我有点体力不支了，小腿有点酸疼："妈妈，我有点累了。""闺女，不论做什么事，都要记住一条，坚持、坚持、再坚持。""如果坚持不了怎么办？""八达岭长城你都爬上去了，还有什么不能坚持的，只要你想坚持，就一定能做到。""妈妈，你的坚持太少了，我要做到一百个坚持！""那就没有你办不成的事。""妈妈，我一定可以的，我们走快点吧。""妈妈相信你。"就这样，我和妈妈高高兴兴的。虽然有点累，还是坚持地走到了幼儿园。离上课还有一小时的时间，我就在操场上荡秋千，算是休息。嘻嘻，有了秋千就没

成长的礼物

有一丝疲惫了，我继续哼唱着歌曲，心里边高兴极了。妈妈说我的脸上充满了幸福和快乐。"妈妈，我想去游泳。"妈妈说："好吧。"妈妈又陪我游泳，为我计时，为我加油，我的速度很快了。十米大概三十秒钟，只是还不敢脱离泳圈，如果我胆子再大点就好了。呵呵，就可以拿掉泳圈，像鱼儿一样游来游去了。我相信我坚持勇敢地练习下去，一定可以的。妈妈说："亲爱的宝贝儿，你要记住你的一百个坚持呦，一定要说到做到！妈妈为你加油！"

我的感悟：

不论做什么事，都要坚持、坚持、再坚持，因为坚持就是胜利。

（女儿篇）

第六十个故事
DI LIU SHI GE GU SHI

分享快乐时光

早晨起床后,我心里想着去公园玩儿,又怕妈妈不同意,于是我灵机一动,就找了个让妈妈无法拒绝的理由:"妈妈,我陪你去公园玩吧,你可没看过那里的美景。"哈哈,我真是太机灵了,这个理由,让妈妈不得不答应我说:"既然这样,那就去吧,妈妈看今天上班的阿姨谁带孩子了,我们带他们一起去。"我高兴地连连拍手,连跑带跳地来到幼儿园。妈妈和董园长带着我、周硕冰、李禹诺来到了公园。今天的天气特别晴朗,有几朵云漂浮在天空中,好像是白白的棉花糖。一进公园,我们看到公园里热闹极了。那里有许多花,盛开的十分漂亮,不过最吸引我们的还是玩具,嘻嘻。我们先去坐电动飞机,我坐在起飞的飞机上,感觉自己像是一名小飞行员,驾驶着一辆飞机翱翔在广阔的蓝天上。啊!这种感觉太棒了!接着我们去玩了我最爱的碰碰车。哈哈,我的技术可不赖呢,转弯、加速,俨然一个小司机呢!接着我们去玩旋转木马,我坐在一匹白马身上,张开双臂,感觉自己驰骋在草原上呢!我和小朋友们在一起又唱又跳,一起做游戏,一起玩遍了能玩的所有玩具,可开心了。我想,要是妈妈我们两个来,就不会这么开心了。

成长 的礼物

在公园里，我们是快乐的小天使，我喜欢和朋友在一起玩。

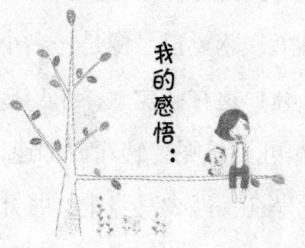

我的感悟：

风景很美，和小朋友们一同分享快乐的时光更美。

第六十一个故事
DI LIU SHI YI GE GU SHI

我想让哥哥幸福

这是我和妈妈步行锻炼计划的第二天,我们早上 6 点 40 分准时出发了。我依旧哼着小曲,和妈妈边走边聊:"妈妈,给我讲讲哥哥小时候你陪他上学的事吧!""哥哥小时候,妈妈要上班,都是他自己一个人,背着小书包去上学。有时候下雨了,就淋着雨回来。"我每天都是和妈妈一起上学放学,妈妈不陪在我身边一会我就很难过呢,想到哥哥小时候还要自己上学,顿时非常同情哥哥,对妈妈说:"哥哥太可怜了,我想让哥哥幸福。哥哥还有几天才从上海回来呢,我都想他了,快等不及了!""还有 10 天哥哥就回来了,如果你想让哥哥幸福,不管到什么时候,你和哥哥都要互相帮助。""妈妈,我一定会的,不知道哥哥帮不帮我。""哥哥也一定会的!"妈妈说过,我还小的时候,每天哥哥放学了都第一时间来看我,和我玩逗我开心。等哥哥从上海回来了,我一定让哥哥开心,陪着哥哥,让哥哥幸福。

亲情是世界上最美好的感情,不管走得多远,哥哥好像就在我的眼前。

成长 的礼物

（女儿篇）

看哥哥抱着我的时候，我笑得多开心呀！嘻嘻，我哥哥是不是很帅呀？等哥哥回来了，我一定要让哥哥幸福！

第六十二个故事
DI LIU SHI ER GE GU SHI

付出爱心　收获快乐

今天是我们步行锻炼计划的第三天，我们准时出发。刚出门口我就觉得累了，不想再走。妈妈提醒我要做到三个坚持，我才慢悠悠地往前走。走没多远，看到了几个大蚂蚁，我的兴趣来了："妈妈，蚂蚁饿了，它们在找东西吃，把我的面包拿出来。"我掰了一块面包，又分成几小块放在蚂蚁面前，"女儿，还是太大，蚂蚁吃不了的。""妈妈，没问题，它会和小伙伴合作。我要多给他们一些，不然它们吃不饱。""你别离太近，蚂蚁也会咬人！""不会的，我喜欢蚂蚁，喜欢所有小动物，它们也会喜欢我。我听到蚂蚁对我说谢谢呢，我对它们有爱心，它们会回报我的。"我的快乐就是它们最好的回报！

小蚂蚁，你别跑呀，我给你好东西吃。小伙伴们，当你们看到小蚂蚁时别忘了喂喂他们，他们也会对你说谢谢的。我们要爱护身边的小动物呀！

我的感悟:
做一个善良的人，付出不求回报，永远坚持有爱心！

成长的礼物

（女儿篇）

第六十三个故事

DI LIU SHI SAN GE GU SHI

送给妈妈的诗

今天妈妈穿上了我为她挑选的白裙子，化了淡妆，看到妈妈，我高兴得不得了，在回家的路上，我一边想一边给妈妈创作了一首诗："妈妈今天好漂亮，我很爱妈妈，也很爱爸爸，因为他们都爱我。我的哥哥是帅哥，我是小公主呀，我们是快乐的一家。妈妈妈妈辛苦啦，长大我会报答你呀。我的好妈妈！啦啦啦啦啦。"我给妈妈念完这首诗，妈妈抚摸着我的头，眼睛有些湿润，轻轻地对我说："妈妈很感动，谢谢你，宝贝儿！谢谢你！"你们看，我妈妈漂亮吧，我喜欢妈妈幸福的微笑，希望妈妈每天都能开心。

这首诗，是自己感情的真实流露，其实最能打动人心的，就是真情。

成长的礼物

这是我为妈妈亲自挑选的白裙子,我觉得妈妈穿上特别的好看。我喜欢妈妈抱着我,嘻嘻,只要妈妈抱着我我就有安全感。我爱我的妈妈,永远永远。

第六十四个故事
DI LIU SHI SI GE GU SHI

幸福的含义

吃晚饭的时候,妈妈喂我吃驴肉馅的蒸饺。因为我不爱吃馅,所以吃饺子时妈妈就喂我吃,目的就是偷偷地混一些馅给我吃。这个秘密其实我是知道的,只是没有说出来。我一边吃一边问:"妈妈,你知道什么是幸福吗?""我不知道""幸福就是妈妈爱我,妈妈喂我吃饭,妈妈不打我屁股(我中午因为耍脾气挨了打)。妈妈,我很需要这样的幸福!""那你知道妈妈需要的幸福是什么吗?""妈妈需要的幸福是我不惹妈妈生气,妈妈永远不老。"我对幸福的定义是经常变的:妈妈给我买了玩具,我会说:"谢谢妈妈,妈妈我好幸福哦。"一家人一起吃饭,我会说:"我有爸爸、妈妈、哥哥,我多幸福呀!"晨练的时候,我会和路边的花草说话:"你们好,我喜欢你们。妈妈,它们能听懂我的话,我太幸福了!"——幸福的含义因为我的需要而变,我每时每刻都在感受着心中的幸福,愿我的妈妈永远幸福!

幸福就是一种感觉,妈妈喂我吃饭是幸福,我为妈妈洗脚是幸福,我和小伙伴一起玩是幸福,幸福时刻就在我的身边。

累也快乐——坝上草原行

今天是周六，为了让我们多接触大自然，欣赏到美丽的风景，妈妈带领我们跟随旅行社去了丰宁坝上草原。同去的还有四对母子：何茜妍母女、张轩奇母子、李昊宸母子、高睿金母子。凌晨3:30分出发，我夜里高兴地睡不着觉，早早就起来了。我们一路上高高兴兴，和小伙伴们说说笑笑，还在车上表演了节目呢！导游阿姨一个劲儿的夸我们。一路上我们欣赏到了佛珠洞、喇嘛山摩崖造像、闪电湖的美景，这些都是我以前没有见过的，看到什么都觉得好奇和兴奋。我最最最高兴事的就是骑着马享受草原的乐趣，蓝蓝的天空，绿绿的草原。我骑在马背上，幸福得快要飞起来了。欣赏拍摄过《暖春》《我的父亲母亲》等电视剧的自然村落，参加滑草、小蹦极、滑索等活动，晚上又品尝了烤全羊。我和小伙伴们虽然走了很多的路，但都没有叫苦，没有叫累，也没有让妈妈抱的。大家都说我们表现得非常棒。愉快的旅行结束了，我虽然很累，但我很快乐。

第六十五个故事 累也快乐——坝上草原行

等一等,我摆好造型你再照呀!不管是上山还是下山,我自己都可以哦,不用妈妈抱我,哈哈,我是不是很独立呀!

我的感悟:

我喜欢大自然,我喜欢旅行,妈妈说"读万卷书、行万里路",学习文化知识很重要,可是也要多出去走走看看,增加一下阅历。我觉得妈妈说的很有道理,因为我喜欢外面的新世界,嘻嘻。

第六十六个故事

唐人街上快乐的小精灵

夜晚的唐人街可真漂亮啊！到处都有五彩的灯在闪烁，仿佛是在梦里。就在这美丽的唐人街上，我们第五幼儿园"爱的摇篮，幸福童年"专场文艺演出开始啦！我们在老师的精心编排下表演着精彩的节目，舞蹈、童话剧、英语歌曲联唱，让台下的观众拍疼了手，笑弯了腰。老师们的节目就更精彩了。她们利用舞蹈的特点和形体语言，把所有美传递给每一个人，台上表演精彩，台下掌声雷动，让前来观看的家长和市民们赞不绝口，掌声不断。

主持演出的这位阿姨可真漂亮啊，她是丰南国丰百花歌舞团的安阿姨。她主持的活泼热情，让整场晚会充满了欢声笑语。晚会快结束的时候，我手捧鲜花，走上舞台，献给了安阿姨。安阿姨气质优雅地接过来，连声说谢谢。她还现场采访了我呢，我的表现也不错，说自己是唐人街上快乐的小精灵，要把快乐带给每一位观众，获得了在场观众的喝彩。我心里暗暗下定决心，自己也要像这位漂亮的安阿姨那样，做一个万众瞩目的主持人！

第六十六个故事 唐人街上快乐的小精灵

我的感悟：

我喜欢掌声和舞台，通过参加各种演出，我见识到了更精彩的世界，这也为我以后的表演之路奠定了基础。

第六十七个故事

爱的表达

从唐人街演出回来，我对妈妈说："妈妈，我今天晚上表现好吗？"

妈妈竖起大拇指说："你得表现很棒！"

"那你会给我什么奖励呢？"我俏皮地问道。

"妈妈会给你更多一点的爱。"妈妈笑着对我说。

"太好了，谢谢妈妈，这是妈妈送给我的最好的礼物，我很开心。"其实，我的内心是想让妈妈买玩具。以前，在我不听话的时候，妈妈就会说"不舒服"，我很怕妈妈生病，于是赶紧说："妈妈我爱你，我不想让你死。你死了我就没有妈妈了，没有妈妈的孩子太可怜了，我可不想做可怜的孩子。"

如果妈妈不带我去幼儿园，别人是没办法把我送去的。"女儿，让爸爸送你过来，别在家玩儿了，小朋友们都想你了，妈妈也想你。""我也想妈妈，我会在家乖乖等妈妈。妈妈想我可以回家，如果你不回家就不是真的想我。我知道你想骗我去上课，我才不会上当呢！"呵呵呵……我是不是很聪明啊，不过我还是想和妈妈在一起。

这不仅是我和妈妈的对话，更是我们之间爱的表达，挺有意思吧，你愿意倾听吗？

第六章 五岁时的故事

WU SUI SHI DE GU SHI

第六十八个故事

中秋节写给哥哥的话

亲爱的哥哥,今天是中秋节,等月亮出来,我一边吃月饼一边想哥哥。哥哥,你也要吃月饼,也要想我呀!我很爱哥哥,你要早点回来,如果不早点回来,我会很伤心的。妈妈说因为我比你小,她给我的爱就多一点,给你的爱就少一点,你可别生妈妈的气,吃月饼的时候也要想妈妈。拜托哥哥回来的时候,从网上买一个蜗牛的电动车作为我过生日的礼物送给我。我过生日的时候有很多老师和小朋友陪我,只有哥哥在上海不能回来,下次一定回来陪我呦!哥哥,中秋节快乐!哥哥,你会感动吗?

我的感悟：

中秋节是个团圆的节日,和家人在一起的日子最幸福,让我快乐走过每一天。

第六十八个故事 中秋节写给哥哥的话

这是老师教我们亲手做的月饼,哥哥,等你回来了,我做给你吃好吗?

赞美他人

妈妈说我是个很执着的孩子，在很多时候不达目的不罢休，嘻嘻，有吗？我自己怎么没觉得呢？不过，我要做到什么事情，不是去哭闹，而是靠我自己的小智慧去做到哦。比如说今天早晨，李昊宸带了个玩具汽车，还带了几颗棒棒糖。我很想玩汽车，追着昊宸看，昊宸以为我要吃他的棒棒糖，就说："想吃我的棒棒糖，不给你吃。"我眨眨眼睛，计上心来："我不吃棒棒糖，吃了会牙疼。哥哥，你的汽车真漂亮呀，你的汽车是几号的？"我很想玩昊宸的汽车，昊宸是禁不住别人说好话的，我这么夸他的汽车，他就高兴地说："给你玩玩吧。"哈哈！我的目的又一次达到了耶！董园长把我的计谋看穿了："小苏，你的目的达到了。""哈哈！不许说，这是我的秘密。"我撒着娇，有些得意还有些不好意思。

妈妈说，她很欣赏我的执着，我很会揣摩别人的心理。比如，我想让爸爸带我去玩，就说："爸爸今天可真帅呀，像个大帅哥，爸爸你开心吗？"爸爸说："开心。""那你带我去玩好不好？"老师不让玩的玩具，我想玩，就会说："老师，你今天真漂亮，是美女老师，你这件衣服穿起来好漂亮。"一次次的赞美，让我满足了自己的愿望，也让别人开心了。你说，我的小嘴儿巧不巧？我的小脑袋瓜是不是充满了智慧呀？哈哈！

> 善于发现别人的优点，去赞美别人。但赞美别人要发自内心，不能为了满足自己的要求去赞美别人。

第六十九个故事 赞美他人

第七十个故事
DI QI SHI GE GU SHI

妈妈，你爱我吗？

由于这段时间，妈妈总把我和哥哥的小时候相比，当然是比优点哦，所以我有点小小的压力。害怕妈妈觉得哥哥比我优秀，害怕妈妈喜欢哥哥不爱我了。所以每天都会问几次："妈妈你爱我吗？是爱哥哥多还是爱我多？"昨天晚上，我又问同样的问题。妈妈好像是因为感冒不愿意说话，也许是不愿意总重复同样的问题，就说："烦死了，别问了，你要对妈妈有信心。""如果我对妈妈没信心呢？""妈妈继续努力做个好妈妈。""你必须再回答我你爱不爱我？如果不说就是不爱我。""别烦我，一边儿去。"听到妈妈烦我了，我很委屈，但没有哭出来。我趴在妈妈身边说了一段话："妈妈，你爱我吗？如果你爱我，请不要放弃我，请把你的爱给我多一点，给哥哥少一点，给我的爱要像天上的星星一样多。妈妈，你真的爱我吗？如果爱我，你就回答我，我就叫你美女妈妈。"听了我的话，妈妈抱歉地笑了笑，搂着我说："妈妈爱你，非常爱你，向天空一样广，像大海一样宽。""你真是好妈妈，是美女妈妈，我也爱妈妈，永远保护妈妈。"妈妈，你一定要爱我，因为我会一直一直地爱你，永远都爱你。

第七十个故事 妈妈,你爱我吗?

我的感悟:

> 妈妈永远爱我,这种爱像天空一样广,像大海一样深,我也会永远爱妈妈,永远保护妈妈。

第七十一个故事
DI QI SHI YI GE GU SHI

和妈妈交换爱

昨天晚上睡觉前,我又一次问妈妈百问不厌的问题:"王芳女士,我的妈妈,我有一个很重要的问题请问你,妈妈你爱我吗?""爱,非常爱。""爱的多不多?""非常多。""那你数一数。""很多很多,数不完的,永远。""一直到你老了,死了升天堂了,不能说话了,对吗?""妈妈死了也会在另一个世界说爱你。""好的,王芳女士,亲爱的妈妈,我的问题问完了。请听我说,妈妈很爱我,我也很爱妈妈,我们的爱一样多。所以,我们交换吧,这样就公平了。你有我和哥哥两个孩子,我只有一个妈妈,如果你的爱不和我的一样多,就对我不公平,老师说了,只有一样多才可以交换。"我眨巴着大眼睛看着妈妈,妈妈没有说话,是不是妈妈还没有算清楚这个交换题呢?哈哈,我这是现学现卖,把数学课上的知识灵活运用了,看来把妈妈给难倒了呢,妈妈你可要好好研究一下我们学的兔美美数学和智能数学哦。要不然下次我再问你问题的时候,你还回答不上来就不好了哦,一定要好好学习呀,在我心里妈妈可是无所不知的妈妈呀!嘻嘻。

我的感悟：

> 我爱妈妈，妈妈爱我，但我的爱是和妈妈无法相比的，我的爱是小草，妈妈的爱是春晖！

第七十一个故事 和妈妈交换爱

第七十二个故事
DI QI SHI ER GE GU SHI

雨中的故事

今天天空下起了雨,妈妈问我:"下雨了,我们是照常走路还是坐车呢?"我看了看外边,笑嘻嘻地:"妈妈,我们走路吧,我喜欢下雨,这是太阳公公去休息啦。"我和妈妈各撑一把花雨伞,沿着煤河边铺满鹅卵石的林间小路走着,我一路哼着小曲:"哗啦啦,下雨了,雨中散步很刺激呀……"还边唱边问妈妈:"我自己编的歌唱得好听吗?""好听,女儿你发现了吗?小草为什么比昨天绿呢?小路为什么比昨天干净呢?""因为今天下雨了,小草张开嘴喝饱了,它就闭上了嘴巴,也打开它的小花伞,只是我们看不到。雨水把路也刷干净了,小草正对雨水说谢谢呢"。我和妈妈边走边聊着关于雨的话题,雨越下越大,还起风了。雨伞在我手里摇晃了几下,我使劲拽着伞,很怕风把伞刮跑。妈妈说:"女儿,如果风把伞刮跑,你怎么办?"我想了想说:"如果在脚下,我就捡起来。如果雨伞被吹到马路上,我就不捡,车太多,太危险,我就淋着雨走。""如果雨太大,你走不了,怎么办?""我就在商店躲一躲。""树下可以吗?""不可以,打雷的时候,大树会着火,还会有电,太危险。""你怎么知道这些事的?""动画片里有,故事里也有。"妈妈是不是觉得我长大了呢,懂得的事情也很多了呢,嘻嘻。看着匆匆忙忙的人群,我和妈妈不慌不忙地走着,享受着雨给我们带来的快乐!

我的感悟：

生活里处处都有学问，知识不仅丰富了我的头脑，还给我带来了快乐！

第七十二个故事 雨中的故事

147

第七十三个故事
DI QI SHI SAN GE GU SHI

我学跆拳道（一）

为增强我的体质，磨练我的意志，妈妈给我报了名，去学跆拳道。说起来还真有点小紧张呢！今天的跆拳道课上，我按照老师的要求，努力的去做每一个动作。第一节课，在和队友练习防守和进攻时，我被队友踢中了胳膊，疼得直抹眼泪，但我坚持防守，并没有还击。在和馆长的对打练习时，我一次次被馆长踢倒，又一次次爬起来，继续进攻，直到馆长喊停。第二节课上，虽然我有些累，但还是很努力，快下课时，我又一次争取到和馆长对打的机会，我快步走到馆长面前，馆长很高兴，用不太熟练的汉语说："苏世一，好样的，来吧。"我和馆长互相行过礼，开始了对打练习，虽然我一次次被打趴下，但我毫不示弱，勇敢地进攻。来自韩国的馆长面带微笑，抱起我，摸摸我的头。我偷偷和妈妈说："妈妈，我努力地练习，馆长就高兴，我看到馆长对我笑了，馆长开始喜欢我了。""这是你努力的结果，继续努力呦！"妈妈说。晚上回到家，我一边兴致勃勃地和妈妈谈论今天的训练，一边吃着妈妈为我切

成小块的哈密瓜:"谢谢妈妈,来,妈妈,你也吃一块,是不是哥哥小时候掉牙了,你也把哈密瓜切成小块,然后陪他一起吃?""是呀!""我和哥哥有你这样的好妈妈太幸福了!""妈妈有你们这样懂事的儿女也很幸福呀!"妈妈轻轻地帮我揉着胳膊,我们都开心地笑起来。虽然今天的训练很辛苦,但我还是要坚持下去。

第七十四个故事

我学跆拳道（二）

练了快两个月的跆拳道，我终于有点适应了。一招一式有模有样，虽然很累，但当妈妈问我的时候，我还是会说："妈妈，我能坚持，你放心吧，我一定会给你争光的。"训练完毕，大家都走了，我还恋恋不舍，因为我已经深深地喜欢上了教练、道馆和跆拳道这门竞技体育项目。来自韩国的馆长虽然对我要求严格，但是我还是最喜欢他，下课的时候馆长也收起他那严肃的面孔，和我们一起玩耍。我看得出馆长也很偏爱我，在一边等待的家长有时会窃窃私语："这小女孩这么调皮，馆长还这么喜欢她。"听到这样的话，我有点小小的激动。哎，没办法，谁让自己有人缘呢！休

息的时候,我躺在馆长的腿上。馆长慈爱的望着我,好像我是他的孩子,他一定也在想他远在韩国的孩子吧。每当我有了进步,馆长会欣慰地微笑着看着我,用不流利的汉语说:"苏世一真棒!"我一直盼着馆长带我去韩国比赛,我相信只要我努力训练,就一定会实现这个愿望,为我加油吧!

第七十五个故事

我学跆拳道（三）

（女儿篇）

在今天的跆拳道课上，教练为我们的训练提高了难度，我们要做一项看似简单，却不容易坚持的动作：平躺地板上、头不能挨地、腿不能挨地。大多数学生都哭了，有的哭出声来了，我的眼泪也顺着眼角流下来，真的像断了线一样。我艰难抬着头，手和腿都在颤抖，感觉自己快要支撑不住了。可看到馆长严肃的目光，我丝毫不敢放松，就这样，一直坚持，一直到馆长让站起来。看到我无声地流泪、我最终能够战胜自己的身体极限坚持下来，在一旁的妈妈也流泪了。休息的时候，妈妈夸奖我："闺女，你今天太棒了，妈妈一直为你担心，怕你坚持不了。"眼泪在我的眼里打转，我强忍着，说："妈妈，我忍着不哭出声，我怕给你丢脸。"妈妈没有说话，在我的小脸上狠狠地亲了一口。

我的感悟:

通过练习跆拳道的故事,我知道了无论做任何事情,都要付出努力和汗水,才能够成功。

第七十五个故事 我学跆拳道(三)

第七十六个故事

让蜗牛有个温暖的家

我和妈妈一直在坚持步行去幼儿园。在煤河边的绿化带里,我捡到了一只蜗牛。对妈妈说:"妈妈,天冷了,我们把它带回幼儿园吧,我们教室有暖气,暖和了它就不会冬眠了,就会长很大。放在我种小豆的花盆里,它吃豆苗的叶子就能活下来了。"妈妈说我是个有爱心的孩子。回到教室,我把小蜗牛放到了小花盆里,下课的时候小朋友们都来看这个新来的蜗牛小伙伴。我们把小蜗牛放在有阳光的地方,妈妈说过,有温暖的阳光小花小草才能长大,我们也希望小蜗牛能快快长大和我们一起玩耍。

我的感悟……

无论对人和动物,都要有一颗爱心。

第七十七个故事

雨中上学

早晨,天空中下起了毛毛细雨,我和妈妈准备去幼儿园。妈妈说"宝贝,咱们怎么去呀?要不打车去吧。"我不假思索地说:"妈妈,我们走吧,没关系的,我们每人撑一把伞,我能坚持。"

风总会把雨伞打歪,我的小手快支撑不住了,我就想了个办法:把雨伞扛在肩上。双手紧紧抓住伞柄,回头望了望妈妈。

"妈妈,你是不是走不动了?快一点呀!"

正在这时,我发现煤河里有垃圾,就说:"妈妈,为什么会有人把垃圾扔到河里?太不遵守规则、太不爱护环境了,环境对我们很重要。""那就从你做起,不乱扔垃圾,保护环境。""好!我也要告诉我的小伙伴们,不能随手乱丢垃圾,要保护好我们的环境。"

"妈妈,为什么有的树不怕冻,叶子绿绿的,有的树叶子都黄了?""是因为树种本身的原因,比如松树越冷的时候、下雪的时候,它就越挺拔,有一首关于松树的诗:大雪压青松,青松挺且直,要知松高洁,待到雪化

时。""妈妈,我知道,不下雪的时候,松树嫌热,所以下了雪它感觉凉快,它就会更有精神,奥特曼就是这样的,奥特曼有时候用水冲凉后就会更有力量。"

"妈妈,我要把这片黄色的树叶拿回幼儿园,让小朋友们也观察一下"。

走到半路的时候,天空中又飘来了濛濛细雨,我脱掉棉衣,说:"妈妈,帮我拿着衣服,我们跑吧,不然一会雨下大了会淋感冒的!"

"妈妈,把手套给你一只吧,小点也没关系。""妈妈不冷。"妈妈说,即使天再冷,心里也是热乎乎的。

我的感悟:

每天的上学路上,妈妈一边走,一边教给我很多知识,妈妈真棒!

第七十八个故事

第一次练乒乓球

今天上午,妈妈请来了国家一级教练、唐山体校的李国安教练,来教我练乒乓球。当妈妈去教室接我的时候,我们班的同学都举手,都想和我一起练。因为要耽误一节课,在没有征得家长同意之前,妈妈不想自作主张让同学们参与。但看到同学们期待的目光,妈妈没办法拒绝,只好让王老师为每个孩子买了一副球拍。让他们和我一起参与了训练,我和同学们练得都非常认真。李教练手把手地教我怎么握住球拍,我看到那个像蛋黄一样的小球就十分兴奋!哈哈!看来我有天生的运动细胞啊,对什么体育运动都特别感兴趣呢!在教练的指导下,我终于能够自己把球打出去了呢!嘿嘿虽然不是很专业,不过我以后还会继续练习的!

> 我对任何运动都很喜欢,因为运动会使我感到很快乐!

第七十九个故事
DI QI SHI JIU GE GU SHI

我和妈妈看照片

晚上,妈妈给我翻看过去的照片,我指着其中一张说:"妈妈,你这张照片可真漂亮,妈妈为什么现在不做这样的头发?你现在为什么这么胖?""因为你们在慢慢长大,妈妈为了让你们过幸福的日子在努力的工作,所以妈妈才会变老。""妈妈你辛苦了,谢谢妈妈关心我们,妈妈我会努力的,等你老了我和哥哥会照顾你的,你会幸福的。"

这一张是我十四个月,第一次正式登台演出,在唐山锦江国际饭店,东方爱婴举办的圣诞晚会,我跳的是小天鹅舞。

这一张是我五周岁、手捧亲手采摘、种下的种子长出的嫩绿的幼苗。

第七十九个故事 我和妈妈看照片

这张是我和哥哥都认为妈妈很漂亮的一张,是妈妈三十周岁的时候,我们的奇缘酒楼开业不久,我哥哥过生日时和妈妈的合影。

这张是我哥哥六周岁,刚开始学钢琴的照片。

这一张是我出生那年,我哥哥登泰山的照片,我说:"妈妈,哥哥很帅呀!"

"妈妈,你和爸爸、哥哥照相的时候,我还没出生,还在你肚子里,对不对?"

成长的礼物

（女儿篇）

妈妈35岁时的照片，也是我认为妈妈比较漂亮的一张。

这一张是现在的妈妈，42岁，虽然妈妈老了，但在我心里妈妈还是那么年轻漂亮。

这一张是我爸爸最近照的，43岁，他已经不帅了，因为为了我们能有好的生活，他付出了很多的辛苦，所以脸上有了很多皱纹。

我的感悟：

妈妈希望我通过这几张照片的对比，明白一个道理：岁月催人老，时间不等人；少壮不努力，老大徒伤悲。转眼，我就会长大，我要从现在做起，努力学习，将来做一个对社会有用的人。

第八十个故事

堆雪人

下雪、打雪仗、堆雪人是我每天都盼着的,我想一定也是我们小朋友们共同的期盼。那是一个冬天的早晨,灰蒙蒙的天空终于飘起了雪花。我高兴地一下子就从床上跳下来,跑到院子里。仰着头看着从天上慢慢地洒下的雪花,大声地说:"雪啊,你快大点地下吧,我好堆雪人,听到了吗?"妈妈听到了我的喊声,穿着拖鞋,大声地喊着:"世一快进来,外边冷!""不,我要看着下雪,我要堆雪人嘛!"妈妈说,先吃饭,等吃完饭了,妈妈和你一起堆雪人好吗?一听妈妈和我一起堆雪人,我马上就乖乖地跑进了屋里,妈妈一边给我拍身上的雪,一边说,也不穿羽绒服就跑出去了,要是感冒了就给你打针了……嘻嘻,妈妈说妈妈的,我还是想着堆雪人的事情……

一会儿就吃完饭了,我迫不及待地穿好羽绒服,拿着小铲子还有玩具跑到了到外边。老天爷待我真不错呀,雪下得厚厚的。我戴好小帽子和小手套,和妈妈一起先把雪堆在了一起,然后就往雪堆上加高,还用铲子使劲地拍雪。呼呼,可真累呀,都要出汗啦!要加油啦!然后要做雪人的小脑袋了,妈妈就和我一起,在雪堆的上半部给弄了一个大圆球,妈妈说这就是雪人的头啦。我在头上放了两个黑色的小玩具球,这就是雪人的两只眼睛了,我用我的小手给雪人的嘴上放了一点的红色巧克力,在头上撒了一点棕色的巧克力，在雪人的脖子上记上了一个红色的塑料条。哈哈，大功告成啦！我的雪人在妈妈的帮助下，变得可漂亮了，我可喜欢了。我高兴地说，快来看，我的雪人、我的雪人……嘻嘻。堆雪人，真好玩……

我的感悟：

孩子们都喜欢玩堆雪人，这是童真、是乐趣，更是留在我们脑海中的美好回忆……

第八十一个故事
DI BA SHI YI GE GU SHI

丰南五幼庆新年联欢会

2011年12月30日上午,我们幼儿园在丰南电视台演播大厅举行了庆新年联欢会。妈妈把今年春节电视拜年的重任交给了我。这可是代表五幼形象的大事,我可是马虎不得啊!我对妈妈说:"妈妈,相信我,别担心。我一定会努力,我会给妈妈争光,我会做得最好!"现场录制,妈妈现场写词,我就临场发挥,很长的一句话,我两遍就过了,录像的叔叔对我赞不绝口,还说我适合当主持人。我听了心里美滋滋的,我长大后的愿望就是当一名主持人呀!我也一定会为了实现我的理想而努力的。

做最好的自己,竭尽全力去做每一件事,你就一定会成功。

第八十二个故事
DI BA SHI ER GE GU SHI

我家的团圆饭

小朋友们你们喜欢过年吗？反正我是特别喜欢过年。过年了，穿漂亮的衣服，吃好饭、提着红灯笼，还放小鞭炮放呢！还有两个姨妈，舅舅们也都要带着孩子到姥姥家去过年呢！大家聚在一起多热闹啊，呵呵，我还有很多的压岁钱呢！我最爱吃姥姥做的酥肉了。平时，姥姥年纪大了，不能总给我们做着吃。可每次过年，姥姥必定要给我们做一锅的酥肉。那个肉啊，又香又不腻，吃在嘴里啊特别的酥软。我闻到酥肉的味道，肚子里的小馋虫都要大闹五脏庙了呢！姥姥也特别的喜欢我，总往我的碗里夹酥肉，我吃好几块呢。嘿嘿，有点不好意思，不过小朋友们吃饭多，才能长大儿嘛！妈妈说，过年吃团圆饭，象征着团圆、幸福。大家在一起跟老人过年，年纪大的人就会非常高兴，高兴了就会长寿，是吗？妈妈，等我长大了，不论我到了哪里，我都回家和妈妈、爸爸、哥哥一起过年，吃团圆饭，让妈妈、爸爸长寿……哈哈，这就是我家的团圆饭，有年的味道，有孝道的氛围……

我的感悟：

小孩都喜欢过年，其实，大人们不懂，孩子盼望着自己长大，是为了爸爸、为了妈妈……

第八十三个故事
DI BA SHI SAN GE GU SHI

妈妈，你要尊重我！

三月八日，既是妇女的节日，也是妈妈的阳历生日。我亲手用卡纸和皱纹纸做了礼物送给妈妈："妈妈，辛苦了！祝你节日快乐，希望你喜欢我送的礼物。"这是一只漂亮的小兔子，手捧鲜花，非常的漂亮。妈妈把它摆在办公桌上，这时正好来了一个阿姨看妈妈，她非常喜欢这只小兔子，妈妈就转送给了她。那只兔子是我非常用心为妈妈做的，我觉得妈妈一定会非常的喜欢，会好好珍藏的。可是妈妈竟然把它送给了别的阿姨。我知道后非常生气，妈妈是不喜欢我了才把礼物送走，还是不喜欢礼物呢？午饭我也没有吃，就去问妈妈："妈妈，这份礼物是送给你的，你为什么把它送给别人？""女儿，妈妈觉得你会再做一个更好的小兔子送给妈妈。""再也不会了，妈妈把我的礼物送给别人就是不尊我。""对不起，宝贝儿，妈妈不是有意的。这个阿姨非常喜欢，你应该高兴，妈妈把你的祝福也送给了阿姨，又多了一个人喜欢你。这也是好事呀，我相信我的女儿还会再送妈妈一份礼物。""那好吧，以后妈妈再也不能这样做，早晨我听有的小朋友说她的妈妈不喜欢她送的礼物，这样的妈妈不是好妈妈，你今天也不是好妈妈。""妈妈以后再也不会这样做了，相信妈妈，好吗？""好吧，你知道错了，我就原谅你。"好险，原来是因为阿姨非常喜欢才送给阿姨的，说明妈妈还是很爱我的。不

过妈妈也要尊重我的劳动成果呀,也不要忘记女儿对你的一片心意呀!

我知道,妈妈不是故意的,我会原谅妈妈的。

第八十四个故事
DI BA SHI SI GE GU SHI

好爷爷

今天早晨,我和妈妈起早去幼儿园,路过电影院门前时,我闻到了特别香的香味。顺着香味寻去,原来是鸡蛋饼的味道,我咽了咽口水,"妈妈我想吃鸡蛋饼"。妈妈说行,老爷爷很快就把饼做好了。可当老爷爷把鸡蛋饼递给我的时候,妈妈一看自行车忘记带包了。也就是说,妈妈没有带钱,妈妈说:"大爷,真不好意思,我今天走得匆忙,忘记带钱了……""不要紧,拿着,给孩子吃吧!"老爷爷乐呵呵地说着,把那个又大又香的鸡蛋饼递到了我的面前。我是伸手接呢,还是不伸手呢,我抬头看着妈妈,妈妈看着老爷爷真诚地样子,说,"接着吧,明天,我们把钱给爷爷送来。"我赶紧把鸡蛋饼接过来,一边吃、一边说,谢谢爷爷,妈妈也再次和老爷爷道了谢。我和妈妈在去幼儿园的路上,一边走,一边吃,我一边问妈妈,是不是好人都像老爷爷这样。妈妈说:"是,好人都是在别人遇到困难的时候啊,给予无私的帮助。"爷爷确实是一个大好人,等我长大了,我也做一个像爷爷一样的好人。

我也要像老爷爷这样,在别人困难的时候,及时的去帮助别人。如果人人都这样做,那我们的社会就会更加美好了!还有,鸡蛋饼真好吃!

第八十五个故事
DI BA SHI WU GE GU SHI

换奖品

今天,我和小伙伴们去电视台录节目,我们组得了冠军,奖品是印有铠甲勇士图案的书包。欣欣没得冠军,只得了第二名,我发现欣欣因为想要这个铠甲勇士的书包而闷闷不乐,都偷偷抹眼泪了。我就说:"欣欣,如果你喜欢这个书包我就给你,你把你的奖品给我,我们交换好不好?"欣欣高兴地点点头。回家后,妈妈问我为什么把书包给了欣欣,我说因为欣欣的姐姐曾经给我买过一个书包,所以我发现欣欣哭的时候,就把书包给了他。我抱着妈妈的头,贴着妈妈的耳朵,悄悄地说:"我是不是应该这样做?妈妈说过,园长的女儿就要谦让小朋友们。"妈妈直夸我是个懂得谦让,是个懂事的好孩子。其实,这只是我换奖品的原因之一啦,还有另外一个原因呢,就是我很喜欢二等奖的铅笔盒。哈哈,既帮助了别人,也得到了我想要的,我是不是既懂事又聪明呀。嘘!这可是我心里的一个小秘密呀,不能告诉我妈妈的哦!

帮助别人,快乐自己!

第八十六个故事

我要有自己的钱

很多次,当我拿着爸爸给我买的玩具向妈妈炫耀的时候,妈妈都会说:"你怎么不和你哥哥学呢?你哥哥从来都不乱花钱,你总是乱花钱,不知道攒钱,你哥哥从四岁的时候就有自己的钱了,他会把从幼儿园小卖店用五角钱买的玩具,五块钱卖给你姥爷,因为你表哥看着玩具哇哇哭,你姥爷花多少钱都要给他买,所以你哥哥自己就赚钱了。"也许是妈妈无休止地唠叨,也许是因为哥哥是我的偶像,我终于也知道了要有自己的钱:"妈妈,把我的压岁钱给我,然后你再给我一些钱,带我去办一张银行卡,我要有属于我自己的钱,然后我可以去帮没有饭吃,不能上学的小朋友,余下的钱我就去世界各地旅游。"

长大后,我要靠自己的努力赚好多的钱,好去帮助那些需要帮助的人。

第八十七个故事

我的头发

我在一次活动中需要把头发烫成卷发，我自小就喜欢长长的直发，所以妈妈就和我商量一下烫头的事情。烫头？不行！我就喜欢我的直直的头发啊！我跑去找爸爸为我做主。看到我红着眼眶，不屈服的样子。妈妈就没有再提，而是开始给我讲故事，比如小河马掉队的故事。因为小河马没有听妈妈的话，没有和大家一起出发，最后小河马掉队了，差点让大鳄鱼吃掉，多悬啊！我开始静静地听着故事，也在思考着。这时妈妈话锋一转说："那天，我们幼儿园举办的大合唱，大家都说小朋友们穿着一色的白衬衣显得特别精神和整齐，还夸你指挥的特别好呢。"听到这里我笑了，还说："是啊，大松那天，没有穿白衣服来，是浅蓝色的，我看见老师让他回家换衣服了。"妈妈说："这就对了，这叫有'集体观念'知道吗？就是有的时候，集体活动是要有计划和指挥的，不然还不全乱套了？"我认可了妈妈说的道理，使劲地点头，"那么，我们世一是不是最听话的好孩子呢？"我脱口说："是！""那么我们是不是应该烫头呢？""应该，妈妈这是集体观念。"听妈妈讲了这么多，我心里的小疙瘩也解开了，多亏了我的好妈妈。

成长 的礼物

我的感悟：

小孩子有时就是不理解，请大人们一定要有耐心哟！

（女儿篇）

第八十八个故事
DI BA SHI BA GE GU SHI

小朋友们儿童节快乐

今天是国际儿童节,是我们小朋友自己的节日,幼儿园所有的孩子要一起过,要一起庆祝我们自己的节日呢!嘻嘻,我们的节日,不知道为什么,一听到节日,我就按耐不住心里的喜悦,又可以登台表演节目啦!而且今天是我们小朋友自己的节日,我就可以表演更多的节目给大家看了。

在幼儿园召开的联欢会上,妈妈老师和小朋友们一起上场,有跳舞、唱歌、讲故事,还有说绕口令的呢。我表演了跆拳道、打乒乓球的动作,还朗诵了一首诗歌呢!最后啊,我们最高兴地是,妈妈为我,不,为全幼儿园的小朋友们每人发了一个小礼物。中午请全体小朋友们吃蛋糕,小朋友们乐地跳啊蹦啊。那天,我还清楚地记得,小朋友、家长、老师,见面礼语言就是"儿童节快乐!"啊,今天真好,我会永远珍藏在我的记忆中,也真诚地祝福全天下的小朋友们"儿童节快乐"!

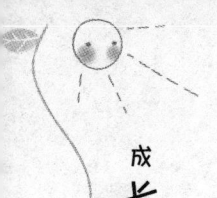

成长的礼物

我的感悟：

> 有时候留在我们记忆中的镜头可能一辈子都抹不掉，我爱我快乐的童年……

（女儿篇）

174

第八十九个故事
DI BA SHI JIU GE GU SHI

我为舞台而生

我曾对妈妈说:"妈妈,我是为舞台而生的!"的确,我非常热爱舞台,每天都在舞台上展现自己,是我的愿望。这不,六一儿童节到了,我们五幼举办"快乐六一"大型文艺汇演,我被选上了当主持人,心里可高兴了。下面请听听我的开场白吧:"上午好!一年一度的六一国际儿童节又来到了,这是我们小朋友自己的节日,气球带着我们的心愿随风飘扬,红花带着希望尽情绽放,在这个阳光灿烂、姹紫嫣红的日子里,我代表你们的爸爸妈妈、老师祝你们节日快乐!"我的开场白还算不错吧。接着,在我的主持下,节目在精彩中进行,我在每个节目环节中,都能随机应变说上几句话。比如《荷花舞》表演前,我就会说"灿烂的荷花多像我们活泼的笑脸,在校园里盛开。"在场的老师和学生家长都说我天生就对舞台有感觉,即使面对再多的人,都不紧张,都能超水平发挥,你说,我真的挺棒吧!

我热爱舞台,我为表演而生!

第九十个故事

我学古筝

看到有小姐姐们学古筝，我非要学。妈妈一直没答应，怎么办呢？不过真的很想学呀，过了一段时间，我自己偷偷去乐器教室找李静老师了。嘿嘿，还是我有办法吧！李静老师弹琴的时候是那么优美，琴声是那么动听，我呆呆地听上一个下午都不会觉得厌烦呢！要知道平时的我是多么得调皮。李静老师那样温柔和耐心，手把手的教我指法。最后，我被李静老师的温柔和优美的弹奏彻底征服了，在坚持不懈地练习下，我终于能静下心来弹出一首曲子了。李静老师太不容易了，谢谢您！妈妈说没想到活泼好动的我，竟然在弹琴时变得那么安静，以后会支持我学习古筝的，也希望我能坚持下去，好培养一下我沉稳淑女的气质。嘿嘿，谢谢妈妈啦！

我的感悟：

学习古筝能够使我静下心来，享受音乐带来的美好心情。

第九十一个故事
DI JIU SHI YI GE GU SHI

"驰"字的造句

记得有一次,我看见妈妈在家休息,赶紧拿出书让妈妈教我认字,认到"驰"字的时候,还没等妈妈说下面的造句,我就犯了小急脾气。"妈妈,是飞驰的驰,我做梦都想去真正的草原,想在草原上骑马飞驰呢!""你这个造句真好……好啊,妈妈就帮你梦想成真。"没想到,因为一个字的造句,却成就了我草原骑马飞驰的梦想,嘻嘻!真好……

我的妈妈是个特别说话算数的人,我期待着我们在草原骏马奔驰……

第九十二个故事
DI JIU SHI ER GE GU SHI

呼伦贝尔大草原

亲爱的小朋友们,我太兴奋了,你们知道们?因为"驰"字造句,我的呼伦贝尔大草原旅游梦实现了。今天,我们终于来到了呼伦贝尔大草原,可以骑马了,你说高兴吧?

我和妈妈坐了一天多的火车呢,这是我第一次坐火车,哈哈,兴奋!我这次真的见到了母亲河,见到了一望无际的大草原,这里的风景特别漂亮呢!天蓝,水清,草绿,马儿成群,低头吃草的白羊……啊,我的心儿好像鸟儿在蓝天上飞翔……

"妈妈,快看,大风车,好大呀!"

"这是用风力和太阳发电的。"

"他们真好看……哟,妈妈,那里有蒙古包,我在动画片里看到的,我想去……还有妈妈你看,那里是花海……真香啊……"说实话,我都不知道看哪好了,我觉得哪都美,比电视里、动画片里漂亮多了……

这时候,妈妈说:"世一,我们骑马去吧。"

"骑马?好啊,太好啦!"我赶紧跑在了最前面,因为,我看到了前面有好多的马,小朋友们,哈哈,一会儿,我就要骑着马了,在大草原上飞驰了,哈哈,兴奋吧……

我的感悟：

"人生如梦，梦在其中"。我不知道我在哪里知道的这句话，但我感到，我现在就是在美好的梦中……

第九十二个故事 呼伦贝尔大草原

179

第九十三个故事
DI JIU SHI SAN GE GU SHI

义卖演出

2012年8月19日晚，我上完跆拳道课，来到步行街广场，这里正在举行"情系春蕾女童"的义卖活动。妈妈带着老师们准备了一万多元的乐器，也参加了这次活动。如果乐器全卖了，就把钱全部捐出，如果卖不了，就捐价值一半的现金。我还不懂得什么叫义卖，只知道这样好像可以帮助到别人。看到台上有演出，我也要参加，也想献出自己的爱心。我在台上看到台下那么多人也不紧张，镇定自若，一边跳舞一边看现场的观众。有时候因注意力不集中跳着跳着就忘了动作，那也没有关系，我就现场发挥，随便的编个动作，把学的跆拳道的招式随着音乐跳成舞蹈。没想到这个跆拳道舞受到了观众的热烈欢迎，义卖现场的气氛也更加热闹起来。那次义卖活动，取得了圆满成功，获得的钱都捐给了那些生活困难，需要帮助的小姐妹们，看到这些，我心里感到非常高兴！我以后还要参加这样的义卖活动，这样就能帮助更多的人了。

我的感悟：

从小就要有一颗爱心，去帮助别人，这样才能成为一个对社会有用的人。

第九十四个故事
DI JIU SHI SI GE GU SHI

舞台四姐妹

我有三个好朋友，我们都生活在同一个幼儿园里，我们都是幼儿园的舞蹈演员。我们都是长长的头发，每天用特别漂亮的头花扎着小辫来上学，我觉得可漂亮了呢。我们都喜欢漂亮的花裙子，喜欢《海绵宝宝》，喜欢玩跳房子，每天在一起都有说不完的话呢。我们可要好了，每天上学就黏在一起，一起学习、一起吃饭、一起玩游戏，放学的时候都舍不得分开！有演出的时候我们就一起去排练舞蹈，我们互相帮助，把自己会的动作教给别人，自己不会的向别人学习，老师说我们这是互相帮助，互相进步。一起演出时，我们四个配合得特别默契，老师还给我们起了一个特别好听的名字，叫"舞台四姐妹"。我们都特别喜欢舞台，喜欢表演，哈哈，还有，我们都特别漂亮哦！小朋友们，你们有这么要好的小姐妹吗？

妈妈说小时候的友情是最纯洁的，最美好的，我们一定要好好珍惜这美好的时光，珍惜身边的朋友哦。

看,这就是"舞台四姐妹",是不是特有明星范,嘻嘻……

第九十五个故事
DI JIU SHI WU GE GU SHI

我第一次做升旗手

今天是新学期开学的第一天，主管升旗仪式的副园长选择了跨越班，让第一个入园的小朋友做升旗手。第一个入园的？那不就是我吗？升国旗，那是我一直向往的呀，每当看见别的小朋友升旗，我心里就无比羡慕，这次我终于可以做一次升旗手了，哈哈！升国旗仪式开始了，我无比激动与兴奋，因为这是我第一次当升旗手，我又有点紧张。随着老师一声"升国旗，奏国歌"的口令响起，我按照规定的拍子把国旗抛了出去，看着五星红旗冉冉升起，在风中迎风飘扬。鲜红的五星红旗像一团火一样燃烧到我的心里，让我心里充满了自豪与骄傲，我会永远记住这一天，因为今天我是升旗手。

成长的礼物

我的感悟：

第一次当升旗手，让我体验到了国旗的神圣，我无比热爱它！

（女儿篇）

第七章　六岁时的故事

LIU SUI SHI DE GU SHI

第九十六个故事

跆拳道升级了

你们大家知道吗，我的跆拳道棕带升紫带的考试终于过了！嘿呀，我看着这张证书高兴地搂着爸爸、妈妈亲了又亲，这张证书太难了。为了准备这次考试，我每天睡觉前都在床上练习动作，妈妈开玩笑说："世一啊，你这跆拳道考试还没过呢，咱家的床就要换新的了啊。"哎，不管了，考试第一重要啊。最难的就是韩语了，呜呜，真是太难为人家了。每天练习完动作，我都要妈妈帮我抽查韩语，可真难背啊，我多希望自己可以过目不忘啊，这样就可以好好睡觉了，呜呜……终于考试了，八月份考了一次，哎，韩语过了，可动作没过。补考了一次还是没过，天呐，怎么会这样，欲哭无泪啊！九月又考了一次，动作过了，韩语没过……今天和另外两个学员一起补考韩语，终于通过了！谢天谢地，谢谢妈妈、爸爸，还有我们的教练！我高兴地拿着证书和紫色道带手舞足蹈，告诉妈妈，一定要把这来之不易的证书保存好哟……

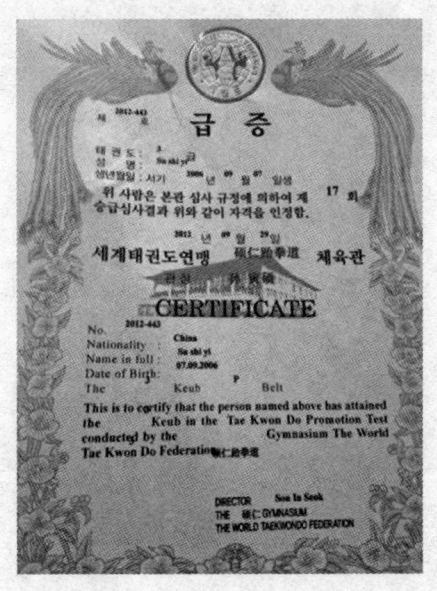

> 不要怕累,等有收获了,就感到累是那么的微不足道……

第九十六个故事 跆拳道升级了

第九十七个故事

我的理想

一次，我对妈妈说："我的理想是将来要开游泳馆、跆拳道馆、围棋馆，小朋友们喜欢的体育运动馆都要开。还要开一个研究馆，让小朋友们在这个馆上学之后可以当博士的研究馆。我要研究很多电动玩具，然后再开一个游乐城，把电动玩具摆在娱乐城里，可以让小朋友们自己控制，想玩儿多久就玩多久。还要特别便宜，让贫困的孩子也能去玩儿，一块钱可以买十个币。"妈妈说："行，你的理想很好，但是你要实现这些理想，就必须要付出比别人更多的努力。所以要从现在开始，对自己要严格。"听了妈妈的话，我不住地点头。我一定好好学习，努力奋斗，这样我才能实现我的理想。

我的感悟：

理想不是一句空话，只有经过努力奋斗，才能实现！

第九十八个故事
DI JIU SHI BA GE GU SHI

我会写自己的名字了

我是2006年出生的,到2012年10月,都6岁多了,还不会写自己的名字呢,妈妈着急了,说我是贪玩呢还是脑子装得东西太多了,就把自己忘了。哈哈,我说,妈妈你不用着急,等我长大了就会写了。

今天妈妈在厨房的时候,用手沾着水在地板砖上又写了一遍我的名字,我回到我的书桌上,学着妈妈的样子,马上就写了出来,还拿给妈妈看呢!"妈妈你看,我写的名字,对吗?"妈妈看到了可高兴呢,连连说:"世一真棒!太棒了!第一次会写自己的名字了呢。"都笑得合不拢嘴了。

妈妈说,人生第一次写出自己名字的时间,要记住,一辈子都不要忘记。我记住了,是在2012年的10月,嘻嘻!妈妈说,女儿终于会写自己的名字了,虽然不漂亮,但是第一次写这样,她已经很满意了。

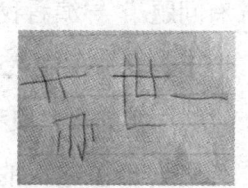

我的每一点进步,在妈妈眼里都是让她骄傲的事情,妈妈,你放心吧!我一定会继续努力的,将来会写出更多的东西!

第九十九个故事
DI JIU SHI JIU GE GU SHI

机会需要自己争取

妈妈听说湖南卫视举办金鹰卡酷金雏鹰少儿才艺大赛,就给我报了名。为我准备视频资料、艺术照、生活照,第二天就发给了导演,我是第一个报名的。但是导演担心我太小,那么大的舞台会被吓哭,这台节目要面向全国播出,怕被我搞砸了。妈妈接到这样的电话时,我正在身边,我真的很想当主持人,这也是我的梦想啊。我一定要争取到这样的机会,我着急地抢过电话,说:"我苏世一肯定没问题。我想有了这样的决心,就一定没有问题。"导演看我这么有信心,犹豫了一下,就说:"既然这样,就过来试试吧,这么厉害的小姑娘我还是第一次见到呢,你可要珍惜这次的机会啊。"我高兴地说:"我一定会努力的,不会让你们失望的,放心吧!"妈妈告诉我:"这个机会是天上掉下来的,但是也是你努力换来的,机会不会掉给没有准备的人。"我一定好好珍惜这次机会,努力地练习,发挥自己最好的水平,不辜负妈妈对我的

栽培和为我付出的辛苦。哈哈！终于可以在全国人民面前表现了，我感觉我又离我的梦想迈进了一步。

当成为小主持人的梦想变成了现实，我是那样激动！正像妈妈所说的那样，成功总是降临到有准备人的头上。

第一百个故事
DI YI BAI GE GU SHI

我的心灵在成长

我渐渐长大了,长高了。妈妈说,最重要的是,我的心灵也在成长,让妈妈很高兴。周六下午去远洋城的时候,妈妈给我买爱吃的面包,我说:"妈妈,多买一个吧,教我唱歌的魏老师很辛苦,我想送给她一个。"妈妈带我去商场买保暖衣的时候,我说:"妈妈,给我们馆长也买一套吧,馆长已经给我买好多衣服了,上次回来的时候还给我买了羽绒服,还给爸爸买了衣服,我们也应该给他礼物啊。"妈妈找人为我写了一首歌,准备去湖南金鹰卡酷参加少儿春晚的时候唱,我很开心,画了很多爱心送给妈妈,说:"妈妈我爱你,谢谢你为我做的一切。"哥哥举行结婚仪式的时候,我哭了,妈妈问我为什么,我说:"妈妈,嫂子幸福地哭了,我也很高兴,也很激动,所以眼泪流下来了。"我又对妈妈说:"妈妈,嫂子不是你亲生的,但是现在和哥哥结婚了,就是你的亲孩子,你也像爱我和哥哥一样爱她,她也像我和哥哥一样爱你。"

我的感悟:

我每天都感觉到身边的人对我的爱,我也尽自己的力量去回报身边的人。

第一百零一个故事
DI YI BAI LING LI GE GU SHI

平安果

今天是平安夜,妈妈来到了我们班,为每个孩子送来了她亲自包的平安果,祝福每个孩子健康、平安。这些平安果都是妈妈亲自挑选的苹果,还给小朋友们买了漂亮的包装纸,妈妈和阿姨们包了很久才包好的。小朋友们可高兴了,大家举着漂亮的平安果跳了起来……妈妈真好,我也祝福妈妈健康、平安。我也要做一个像妈妈这样的好人……

我的感悟:

妈妈是最好的妈妈,我特别的高兴我有这样一个好妈妈……

成长 的礼物

（女儿篇）

194

圣诞节的前一天，被称为平安夜。平安夜还没到，一种叫做"平安果"的礼物，开始在人们手中悄然传递。"平安果"是苹果进行包装扮成"平安果"的。据说，"平安果"象征着平安、祥和之意，之所以把"苹果"当成"平安果"的首选，是取了"苹果"的字音。这是妈妈在给小朋友们发平安果呢！我回去也要帮爸爸妈妈包平安果。

第一百零二个故事
DI YI BAI LING ER GE GU SHI

新年礼物

2013年1月1日,我收到了非常有纪念意义的新年礼物:在新一年的第一天,我的跆拳道的训练资料登上了燕赵都市报的二版头条,占了近半个版面,采访我的是该报年轻的记者鲁千国叔叔。一分付出一分收获,去

年我和馆长、教练还有最好的朋友参加了第四届民晚。现在,我又在为争取参加第五届民晚努力。我爱唱爱跳,拥有一颗渴望登上大舞台的心。不论在哪里,只要有舞台,我就跑上去表演,从没有紧张过。我偷偷告诉记者叔叔,自己想在更大的舞台上唱歌,唱自己写的歌曲给很多人听,长大后想当明星、做主持人。

成长的礼物

虽然只是一篇普通的报道,但新年的第一天,一份来自省报的报纸,对于小小年纪的我却是一份最珍贵的礼物,是对我努力的奖励,不是谁都可以得到的。我一定要以此为动力,更加的勤奋刻苦。

我的感悟：

做任何事情,只要有恒心、决心和毅力,就会取得成功。为了理想,加油！

第一百零三个故事

蒙面女侠

明天要过年了,爸爸妈妈怎么都这么忙啊,哎!没有一个人和我说话,我自己可无聊了就跑去看电视。连续剧非常好看,有个大姐姐,长得特别漂亮。尤其是她脸上围着围巾飞来飞去的样子,这一幕深深地刻在了我的脑海里。

第二天一大早,我就自己翻开大衣橱,妈妈说新衣服准备好了哦。我说,我不要新衣服,我要找一个能围住脸的东西。妈妈给我找了一个纱巾,我就把自己的脸围了起来,学着电视里格格的样子:"谢谢妈妈!"然后扬起两个胳膊学着飞的样子,满屋子的跑开了……妈妈说:"这又是哪一出啊,大过年的,还来个蒙面女侠。"嘿嘿,还是妈妈会起"新名词"——蒙面女侠,哈哈,我就是女侠!

对自己感兴趣的事,就要亲自试一试,哈哈!

成长的礼物

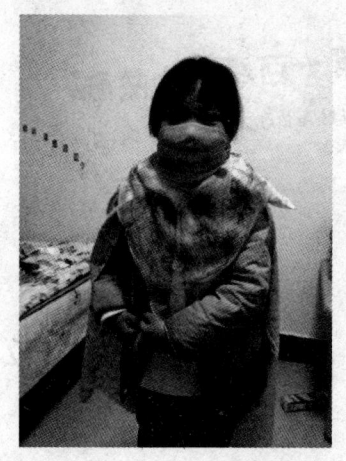

看,这就是我——"蒙面女侠",有点意思吧,哈哈……有没有古装戏的感觉呢?你问我身后是什么?我不会告诉你我身后一条小被子的,哈哈,苏侠女来也!!

(女儿篇)

第一百零四个故事

全国少儿春节联欢晚会

亲爱的小朋友们,我把一件最最高兴的事告诉大家,我参加了2013年的"金雏鹰"全国少儿春晚联欢会的预赛了。而且过两关了呢,第三关妈妈说广电总局正审核着呢?我才不像妈妈那么着急呢,经过两关,和那些大哥哥、大姐姐们在一起主持节目,我可长了不少见识,学了不少东西呢!呵呵,就算我不能过第三关,我还小,以后我会更努力的,小朋友们,我们要一起加油啊!

参加就是锻炼,锻炼是成长的基础,这个道理,我懂……

湖南卫视快乐家族两位主持人谢娜姐姐、杜海涛哥哥也来为小朋友们加油助威。

这是我们正在录制节目呢，你看，最右边穿红色泡泡纱裙子的就是我，挺精神吧！正中间的主持人是金鹰卡通主持人E哥与小蜻蜓，这都是我的偶像啊！

第一百零五个故事

向志愿者说一声"谢谢"

在湖南卫视拍"金雏鹰"全国少儿春节联欢晚会的时候，有许多的志愿者，他们每天都要跟着我们排练到很晚，吃饭的时间都没有，可辛苦了呢，我要向志愿者哥哥、姐姐们说："谢谢你们。"

第一次知道了什么是志愿者，那是为了帮助别人而辛苦自己的人，向志愿者致敬，谢谢你们！

小朋友们请看看这些志愿者大姐姐们，都没有时间吃饭呢。妈妈说她们的精神无价！我长大以后，也要去做志愿者，帮助更多的人！

第一百零六个故事

小主持人的排练

在湖南卫视小主持人排练现场,我是唯一一个把三个女孩台词都背下来的主持人,也是唯一一个被导演夸奖的。那几个小学生哥哥、姐姐一句台词也没背,理由是没分角色。导演说,为什么这个孩子年龄最小,都能背三个主持人的词呢?而你们却没有背呢?就是因为我没有给你们下任务吗?可能是导演说的太激动了,没注意自己就打了自己一下。这个举动把我们都逗笑了,导演看到我们这样也笑了。他也就没有再说什么。之后我们排练的时候大家都特别特别地认真,导演说:好,停,过。呀!认真排练的时间这么快,嘻嘻……过关了!

我的感悟:

就像蜗牛,虽然爬的慢,但你要是在别人都睡觉的时候就开始爬了,牦角就一定会早早的顶出来,嘻嘻,不知道比喻的对不对?

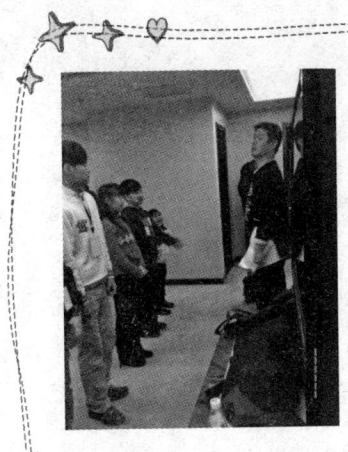

小朋友们请看，导演正给我们做示范动作呢，我们也学的有模有样的，嘻嘻……导演可喜欢我了，可能是因为我的悟性比较高，学什么都很快学会。嘻嘻，其实妈妈说的对，无论做什么事都不能一蹴而就，只要多加努力，一定会做到最好！

第一百零七个故事

录音棚

在准备联欢会上，有我自己创作的歌《春雨嗒嘀嗒》，这是我自己的独唱。为了有好效果，我提前要进行录音。小朋友们，你们可能不知道，当我们在看电视的时候，看见那些唱歌的大明星们笑得那么开心，唱得那么动听，觉得当明星好幸福啊。其实，他们排练的时候可辛苦了，你们没有到录音棚录过音是不知道的，我这次算是知道了，太难了，现在想起来，我都想哭呢！

哎，很不好意思，我的一首歌，在录音棚里都录了一下午了，还是不行，我感觉我唱的挺好的，可是录音师一遍一遍喊着："不行，再来。"再唱，"不行，从来……"哎呦，妈呀，我不想录了，太累了。我看不见妈妈在身边，又总是让我唱，我的眼泪唰一下子就流了出来。陪我的老师一边给我擦眼泪，一边安慰我说："一遍比一遍唱的好了。"可能是想妈妈了吧，也可能是觉得自己太笨了，一肚子的委屈，眼泪止不住地下流。这时妈妈来了，妈妈告诉我说："哭没有用，录音棚就是舞台，不开心脸上也要微笑，让别人听到的是漂亮的小姑娘甜美的歌声，知道吗？"妈妈一点也没有可怜我反而对我严加要求："演员就要有这样的心理素质，要把歌唱的最准，感情最深……"听了妈妈的话，我抹了抹眼泪，使劲地唱了起来……

我的感悟：

唱好一首歌真的是不容易啊，太累了，但不累，就上不了台！

我的烦恼

为了参加湖南卫视的"金雏鹰"全国少儿组春节联欢会,我是每天练习练习、再练习,一点玩的时间都没有。我想玩游戏,我想看动画片,哎!太烦人了。我冲着老师大喊:"生活太不好了!"晚上,妈妈和我躺在床上说话,妈妈说,"只有好的节目才能被选上,但是要表演好,必须在台下好好练,要不然是选不上的。台上一分钟台下十年功,走向舞台的红地毯是用表演者的汗水和泪水铺成的。所以你想走上去,就要比别人吃更多的苦,受更多的累。"妈妈说的我听不懂,我就是想玩,玩木马、玩沙子、玩……哎,还要练啊……

妈妈说的虽然我不太懂,但我的烦恼也没有完全散开,我还是想玩一玩再练,明天和老师说说,不知道行不行?

第一百零九个故事

我和毛主席像合影

在湖南的时候，我和妈妈去了毛主席和杨开慧的故居。妈妈给我讲，毛泽东偕杨开慧回韶山开展农民运动时，也居住在这里，并在这个卧室的阁楼上召开秘密会议，培养和发展了毛新梅等加入中国共产党，建立中共韶山支部。右厢房第一间通常是吃饭的地方，故居的附近还有毛泽东少年时代读书的私塾、游泳的池塘等处遗址。

在那里我还看了好多的照片，那时的照片不是彩色的，是黑白色的照片。妈妈带着我一边看一边听了毛主席和杨开慧的故事呢，我都感动地掉了眼泪。毛主席真伟大，杨开慧真伟大。我和妈妈说，我要买鲜花献给他们。出来的时候，我和毛主席像合了影！

妈妈给我讲了很多毛主席的故事，虽然有些不能理解，但是我知道没有毛主席就没有我们现在幸福的生活，我们也要更加珍惜现在幸福的生活呀！

成长 的礼物

（女儿篇）

我的感悟：

毛主席、杨开慧的故事我永远也不会忘记。

第一百一十个故事

DI YI BAI YI SHI GE GU SHI

唐山少儿春节联欢晚会

在2013年的唐山少儿春节联欢晚会上,我表演了歌曲《春雨嗒嘀嗒》,受到了很多观众的热烈欢迎。联欢晚会的导演说,这个小姑娘的唱歌有天赋,眉目传情,与观众有呼应……我的音乐老师亲了我的小脸,妈妈给我了一个"真棒"的赞赏。没有他们夸的这么好吧,嘻嘻……。

妈妈说,每次上舞台,都像上台阶一样;一个台阶要比一个台阶高,上的也就一个比一个难,所以用的劲,要一个比一个更大。这是妈妈的理论,我不懂,以后试试再谈谈感悟,嘻嘻!

登上更大的舞台,妈妈不要着急,我会一步一步的来……

第一百一十一个故事
DI YI BAI YI SHI YI GE GU SHI

玩沙子

娱乐城里有个沙滩屋,沙池里堆满了白色的沙子,特别的干净,小朋友们都轮流着到沙滩屋去玩。我是最后去玩的,可是已经快到中午了。妈妈说,今天是新年,让大家早回家高高兴兴地过一个新年,明天再来玩。好吧,我为大家着想,我就牺牲一点吧。

第二天,我和小伙伴们又来到了沙屋,这下我可高兴了,有的玩沙滩,有的玩铲车,有的上沙山,嘿嘿,玩得都特别高兴。一个上午了,我们都没有离开白色的沙子。妈妈来了,跟大家说,小朋友们新年快乐!我们说老师新年快乐!妈妈说,千万不要用手揉眼睛,不要扬沙子玩啊,知道吗?小朋友。大家高兴地说,知道。妈妈和老师们说,快乐就是这么简单,我说:"妈妈想快乐吗?你也来玩沙子吧!"妈妈就和几个大人都来到沙滩上玩起了沙子……

这么干净的沙子谁看了都想摸一把、抓一把，坐在沙滩上玩，大人们玩的也高兴着呢……嘻嘻！

第一百一十一个故事 玩沙子

第一百一十二个故事
DI YI BAI YI SHI ER GE GU SHI

我掉牙了

今天总感觉牙齿怪怪的，用我的舌头一添，哎呀！左侧的上牙掉了，我赶紧拿着小牙，跑到妈妈那里。"妈妈，妈妈，你看，我的牙掉了！"妈妈揉着我的小脸问："疼吗？有没有出血呀？""嘻嘻，没事，一点都没疼，舌头轻轻碰了一下就掉了呢！"其实这颗牙活动了有一个月了，在嘴里可不方便了，今天终于掉了，我挺高兴的，感到嘴里轻松多了。我问妈妈，还会长出新牙吗？妈妈说，会的，掉的是乳牙，长出来的是恒牙。长了恒牙以后，就要保持每天刷牙，养成干净卫生的好习惯，就永远不会掉了，直至特别老的时候。妈妈说上边的牙掉了要埋到地下，下边的牙掉了要扔到房上，这样子恒牙才会更快地长出来。真是一个美好的愿望。我想掉牙轻松就好了，我可想不了那么远，哈哈……

我掉牙了，也就开始长大了吧……

看,我的牙掉了,不知道会不会影响我上台表演呢,我可是一个爱美的女孩呀!不过这是小朋友必须经历的一个过程,小牙小牙,你快快出来吧!

第一百一十三个故事

试 装

我答应了妈妈，在幼儿园迎新春联欢会上，要做小主持、指挥合唱、唱歌和跳舞后，妈妈可高兴了，在网上给我买了好多特别漂亮的新衣服，呵呵，都是我喜欢的，以前从来没有穿过这么漂亮的衣服呢。妈妈把新衣服一件件的拿出来了，让我试试穿穿，看合适不，还给我拍了照片。我呀先把照片给你们看看，看我穿新衣服的样子好看吗？漂亮吗？哈哈……

试装的时候，我看见自己长得真好看，我喜欢漂亮的衣服和漂亮的自己……嘻嘻……

这是第一件，好看吧！还有小礼貌呢，像不像个小公主呢？

第一百一十三个故事 试装

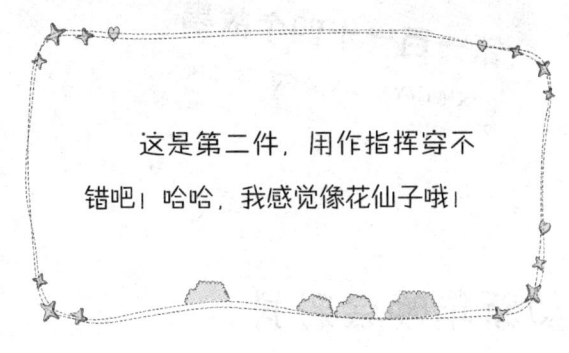

这是第二件,用作指挥穿不错吧!哈哈,我感觉像花仙子哦!

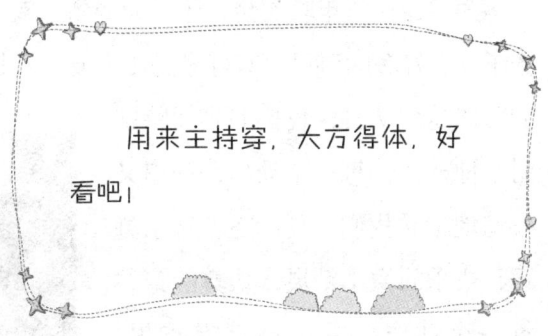

用来主持穿,大方得体,好看吧!

第一百一十四个故事

五幼新年晚会彩排

为了迎接新年联欢会,还因为要到丰南大剧院演出,我们的彩排可紧张了。有好多的节目、有好多的小朋友、家长、老师都上台呢。大家排练的时候特别认真,我们的老师特别耐心地教我们每一个动作,一遍又一遍地指导我们。我们随着音乐舞蹈,快乐的像小精灵,认真的记住每一个动作。呼~虽然有点累,但还是学会了很多动作,大家期待我们精彩的演出吧!

我的感悟:

参加演出就是锻炼,长大了有出息,小朋友们多参加演出吧!

第一百一十五个故事

快乐的眼泪

在丰南第五幼儿园迎新春联欢会上，我唱歌、跳舞、主持节目，还是合唱队的指挥呢！当时答应妈妈自己都能上，可到了排练的时候，我后悔了。真不该答应妈妈，太累了。我这么大，也不认识几个字，三页的台词呢，吓人吧？妈妈说一句，我说一句，就这么一次一次地背，太难了……还有指挥大合唱时，我的指挥动作和节奏也不太好，练了整整一个半天呢。我刚想休息一会儿，音乐老师又招呼着跳舞了、唱歌了……真的太累了。"我不干了，我不干了！"我大哭起来，就想什么都不参加了……妈妈没有说话，给我擦干眼泪继续念她的台词，我也只好接着背了。到了晚上，我的台词也差不多能背上来了，有的我自己加了句子，也有自己编的，妈妈夸我说有主持的天赋，眼泪还在脸上的我，还是高兴地笑了……

不论多愿意干的事，也不能干太多了。小朋友们自己想想我说的有道理吗？

大家看看,我把整个台词都背过来了,你说我能不高兴吗?笑的挺开心吧!也顾不上擦掉脸上的泪水啦!台词任务总算完成了,终于可以休息休息了。

第一百一十六个故事

我的音乐天赋

幼儿园马上就要开迎新春联欢会了,我是节目主持人,还是合唱队的指挥。可不知道为什么,正在排练的时候,我感冒了。上午,有点发烧,推拿了一次,刮痧了一次,好了。下午,我睡觉醒了,非要妈妈送我到幼儿园去,好排练节目。妈妈说,感冒刚好一点,明天再去吧。我只好听妈妈的话,可心里还是惦记着节目呢!突然,我看见了饭盒、勺子,哈哈,有主意了。我把它们都放在床上,排在一起,一手拿着一个小勺子,自己哼哼着节目里的歌,就当架子鼓使劲地敲起来……我敲了一遍又一遍,越敲越带劲,越敲越像我们节目里的歌……妈妈听见声音,跑进屋,看着我的样子,笑了。她把我敲打的样子和声音都给录了下来,妈妈说,我们的世一啊,音乐天赋谁都比不了,嘻嘻……

> 我的乐趣就是玩出来的。不过的音乐天赋还是很强的,对吧,嘻嘻!

瞧！我用两套饭盒、两把小勺子自制的架子鼓，怎么样，还可以吧，告诉你呀，我敲打出的声音妈妈说非常有节奏感呢……嘻嘻。苏世一演奏会，开始啦！

第一百一十七个故事
DI YI BAI YI SHI QI GE GU SHI

小小指挥家

我有好多的梦想，梦想当歌唱家、演说家，还梦想当指挥家呢。快到春节了，我在丰南第五幼儿园迎新春联欢会上，不仅当了小主持人，还是大合唱的小指挥呢。在我的指挥下，小朋友们唱的声音可大、可齐了。小朋友们的精彩表演，受到了老师、家长的夸奖，都特别的高兴。我呢，更是受到了大家的称赞，都说指挥的特别棒，将来一定能当一个大指挥家。这又是我的一个梦想……嘻嘻，我的梦想特别多，小朋友们，你们呢？

我的感悟：

儿童的梦想特别多，让我们都努力试试吧！

第一百一十八个故事

我要做他们的妈妈

早晨起来妈妈给我讲兰考因火灾失去生命的七个孩子的新闻。我问妈妈他们的怨魂会不会报复他们的妈妈?妈妈说不会的。虽然因为残疾,他们的父母抛弃了他们,但是他们已经去了天堂,不再残疾,都是美丽的天使和善良的化身。我说,那来世你做他们的妈妈吧。妈妈说这要看缘分,父母可以抛弃孩子,但是孩子无法选择父母。我没有听懂妈妈的话,我就生气地说,你要是不愿意做他们的妈妈,我做他们的妈妈……

我的感悟:

> 我有一个好妈妈,将来我也做一个好妈妈!

第一百一十九个故事

我的不听话

在幼儿园,我听小朋友们说,有个动画片特别好看,真的,我一看就迷上了。每天早上不用妈妈叫了,我早早就从被窝里醒来打开电脑看《乐比悠悠》。妈妈起初没有说我,于是我就不停地看。真的太好看了,以至于我把排练节目的事都给忘了。哎呀,妈妈开始唠叨了,怎么办呢?真放不下我心爱的动画片呀。于是我就是装作听不见。有一天,妈妈说:"女儿啊你生病了。""啊?什么病?"我害怕起来。妈妈说是动画片依赖症,就是上瘾了,会让眼睛近视的,这病很难治。我说:"我现在看的可清楚了,等我看不清楚了,我就不看了。"妈妈无奈地看着我,嘻嘻,是不是觉得我很不听话呢!妈妈,先对不起啦!等我看完我再去排练,再做你的乖女儿吧!

爱看动画片才是小孩子的天性呢,我不听话也是可以原谅的,对吗?等看完了再改这个坏毛病……嘻嘻……

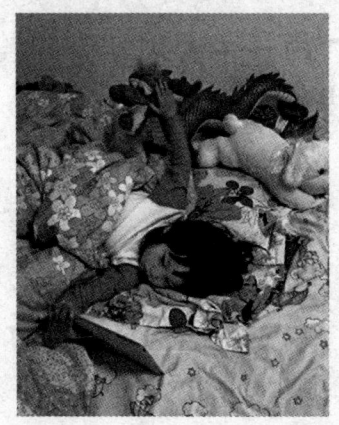

快看,我现在每天睁开眼睛就是看动画,还是躺在床上看呢,大眼睛瞪得挺圆吧,认真吧!不过眼睛真的酸酸的呢,而且好多天没有学习了,也没有去彩排,这样下去可不行,小朋友们可不要像我这样啊。

第一百二十个故事

妈妈的未来属于我

妈妈买了件新连衣裙是后拉链的,她自己拉不上,就叫我说:"世一,帮妈妈把后面的拉链拉上……""嗯,好啊。"我一边拉着一边和妈妈耍贫嘴:"哈哈,妈妈也有需要我帮忙的时候。""谁都有求别人的时候,等妈妈老了求你的时候更多,你还会这么开心吗?""会呀,为妈妈服务是我的荣幸。妈妈辛苦养我长大,妈妈的未来属于我……"哈哈!妈妈放心吧,我以后一定会好好照顾你的,就像你照顾我一样。你看,现在我就可以帮你做很多事情了呢!

别看我们小,啥都懂,爸爸、妈妈老了,我们要给他们打洗脚水,好吗?

第一百二十一个故事

我的幸福

其实，我有一个不太好的习惯，小朋友们可不要笑话我啊，就是每天睡觉前都要用奶瓶喝奶，呵呵，有点不好意思，就是不习惯使用碗嘛。妈妈说，什么最适合自己就使用什么吧！有一天，我喝奶的时候哥哥看见了，还给我了一个鬼脸，是说我"没羞"的意思。我就和妈妈说，以后我就用碗吧，哥哥都笑话我了。妈妈说，用什么都没有关系，最重要的是，你把奶喝进去就行了，我搂着妈妈："我的好妈妈，我的好奶瓶……"呵呵，自己又编者唱了起来了，我真不愧是创作小天才呀，这也多亏了妈妈每天都给我补充那么多的营养，我才能又健康又聪明呢！

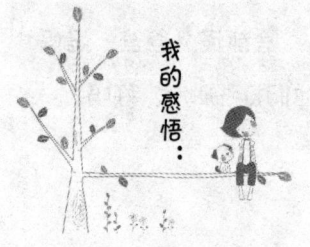

我的感悟：

其实真正的幸福我还不懂，但我知道快乐了就是幸福，我快乐、我幸福……

第一百二十二个故事

唐山民间艺人元宵晚会

在妈妈的提议下,我参加了第五届唐山民间艺人元宵晚会。晚会前妈妈帮我排练节目,帮我挑选表演服装,帮我做好每一顿营养餐。看着妈妈辛劳的身影,我决心一定会好好表演,不让妈妈失望。晚会上我的节目是歌伴舞《春雨嗒嘀嗒》。这是专门赞颂美好春天的歌曲。我富有感情,声音甜美,非常的投入。演唱完了,台下鼓掌声可大了。嘿嘿,当时我特别地骄傲,终于没有让妈妈的辛苦白费。我的年龄是演员中最小的,能在台上有这么精彩的演出,妈妈说:"女儿的进步真大!"哈哈!感谢妈妈给我一个又一个的舞台,让我有一个展现自我,表达自我的机会。妈妈,我一定会更加努力,抓住每一个锻炼自己的机会,让自己越来越棒!

我的感悟：

> 我的进步，就是因为锻炼的次数多，妈妈说要感谢机会，我说要感谢妈妈……

第一百二十三个故事

我家的梅花

我家的梅花开花了,绿绿的叶子,红红的花朵,可漂亮了。妈妈说,梅花开了,是我精心照料的结果,因为,我经常按照妈妈说的,给它浇水、施肥,还帮它捉小虫子呢!有一次,我看见新出来的小新叶好像被什么咬了一口,妈妈说,是虫子咬的。我把叶子反过来一看,真有小虫子呢。怎么办呢?妈妈说,就用你的小手把虫子拿下来,放在纸上。行,说干就干。妈妈问,你不怕吗?我说,我不怕,它要是咬我了,我就捏死它……哈哈。我也是非常厉害的,怎么能被一只小虫子给吓倒呢?以后我天天都要看看这盆花,怕再有小虫子咬。这花好像懂得我在关心它,可能是怕我等的着急了,这不,今天就高兴地把花开了。这花可真漂亮啊,我高兴地喊着:"妈妈快来呀,快来呀,梅花开了……"

小朋友们,你们仔细地看看,我家的梅花漂亮吗?喜欢吗?梅花能开的这么漂亮,我也有功劳哦!

成长 的礼物

我的感悟：

你要是对花好了，花就开的特别漂亮，对你说：谢谢呢！

（女儿篇）

第一百二十四个故事

我喜欢吃牛排

妈妈说今天事情少,很清闲,问我是不是想去逛街。我好长时间都没有吃牛排了,拉着妈妈的手撒娇说:"妈妈我想吃牛排。""好啊,走。"妈妈真是个痛快的好妈妈。我们来到了豪客来,香喷喷的牛排上来了,我口水差点都流出来。嘻嘻。我问妈妈:"妈妈,你吃吗?"妈妈说:"我不喜欢吃,你吃吧。"我实在忍受不了牛排的诱惑,狼吞虎咽地吃了起来。不一会儿,妈妈给我要的那份牛排全部落在了我的小肚子里了,撑的我的小肚子圆圆的。妈妈笑着说:"我的宝贝女儿啊,可真能吃呀!""嘿嘿,能吃才长大个呢!妈妈你说是吧?""是,我就盼着我的女儿长得高、长得漂亮!"嘻嘻……牛排真好吃。

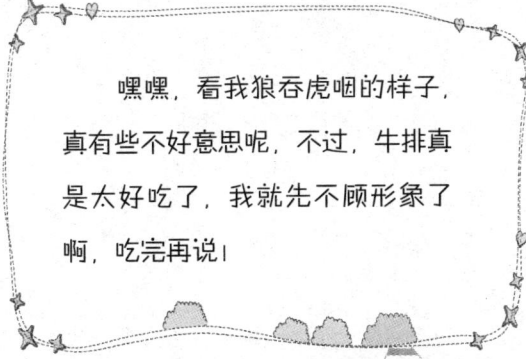

嘿嘿,看我狼吞虎咽的样子,真有些不好意思呢,不过,牛排真是太好吃了,我就先不顾形象了啊,吃完再说!

成长 的礼物

我的感悟：

妈妈总是把好吃的东西留给我吃，自己却舍不得吃。妈妈，谢谢您的良苦用心，等我长大了，带你去吃世界上所有的好东西，我不吃，都留给妈妈吃，嘿嘿。

第一百二十五个故事

我和妈妈去旅行

我和妈妈去广州了,去了好多天呢,妈妈带着我参观了在广州的牛津国际幼儿园。妈妈说,参观的目的就是她还要建更好的、更大的幼儿园呢!

回到家,妈妈说,以后再也不出去了,太累了。我说,妈妈你不是一个好妈妈,妈妈问我为什么。我说:"你没发现每次旅游我都会让自己长大那么一丁点吗?妈妈,我可是第一个举手敢和海豚照相做游戏的呢,你都吓得哇哇大叫了,我可一点都没有害怕呢。还有,在飞机上、旅馆里我不总是问你渴不渴、饿不饿,去不去厕所吗?对了,旅馆的开门、开灯,也是我呀,也不让你背着了。好妈妈,我知道你是故意说的,以后啊,我还要和妈妈去好多的地方旅游呢,对吗?我的好妈妈,漂亮又伟大……"我一边自己即兴演唱着自己编的唱歌,一边哄妈妈开心,我呀,就是想以后让妈妈再带着我去旅行呢,再和海豚玩呢,嘻嘻,我聪明吧……

> 每次旅行,我都看见许多以前没有看见的人和事,觉得自己在旅行中长大了,真的……

第一百二十六个故事

妈妈的兰花

妈妈有盆兰花，花开得特别好看，这可是妈妈精心养的，我告诉你们啊，这盆花我真没有碰过它，连水我都没有浇过呢，因为妈妈太喜欢它了，我怕给妈妈弄坏了。我，哈哈，就是那个看花的人，嘻嘻……妈妈说："梅兰竹菊是花中四君子，千百年来以其清雅淡泊的形象，一直为世人所钟爱，同时也成为一种人格品性的文化象征。梅花有一种'凌寒独自开'的孤傲，它不屑与凡桃俗李在春光中争艳，而是在天寒地冻、万木不禁寒风时，独自傲然挺立。兰花有一种清婉素淡的香气长葆本性之美。兰花从不取媚于人，也不愿移植于繁华都市，一旦离开清幽净土，则不免为尘垢玷污，是一种高洁的象征。竹是历代人都喜爱的，苏东坡说过：'宁可食无肉，不可居无竹。无肉令人瘦，无竹令人俗。人瘦尚可肥，俗士不可医。'它那劲节、虚空、萧疏的个性有君子之风。晚秋时节菊花傲然开放，不畏严霜，不辞寂寞，不与百花争艳，自求恬淡与脱俗。这些都是告诉我们做人一定要正直清白，要

有自己的个性，不随波逐流，自强发奋，总有一天能都得到大家的认可。"妈妈的这段长篇大论我听不太懂，但我知道妈妈是想告诉我做人的道理，嘻嘻，放心吧，这些道理你都说过很多很多遍了，我已经深深地记在了心里。

妈妈的兰花、我的梅花都一样的漂亮，我们都是花的保护者，也要向这些花学习它们的精神。

第一百二十七个故事
DI YI BAI ER SHI QI GE GU SHI

观察的心

早晨,我和妈妈在小区里晨练,听见有小狗的汪汪叫声,而且还有回音呢!我让妈妈别出声,我自己竖起耳朵认真地听着。小狗又叫了"汪……汪……""哦,妈妈这次我听清楚了,小狗叫还有回音呢!""是吗?""妈妈你知道为什么会有回音吗?我告诉你吧,因为楼房挡住了声音的传播,就像皮球碰到墙弹回来一样,就有回音了。""哦?你怎么知道的呢?""我观察的呗!""哎呀,我们家心圆真是太聪明了,以后遇到不懂的问题也要多多观察,这样就能学到更多的知识啦!"

观察多了,想的多了,我们知道的也多了,呵呵!

第一百二十八个故事

我的心愿

一天,我们幼儿园的小朋友正在幼儿园上课外训练课,突然,刮起了大风,还扬起了满天的沙子呢。有许多小朋友的眼睛都睁不开了,风还使劲的叫唤,天也黑了下来……老师说:"同学们,赶快进教室!"我们学过应急训练,大家一小会儿就跑到了教室。老师说:"同学们,你们听到过天气预报里面讲的'沙尘暴'吗?这就是'沙尘暴'。'沙尘暴'的沙子本来在沙漠里,可是沙漠旁边的树木越来越少,挡不住沙子了,沙子就随风刮到了我们的城市。如果我们多种些树,减少污染,'沙尘暴'也就没有了呀!"老师还讲了回家时注意安全的事情,但这些,我都没有听的进去,我只记住要多种些树。

晚上回到家,我一本正经和妈妈谈了起来,"妈妈我要和你说一件事情,我明天要种树,快给我买小树去。"妈妈说:"好啊,今年清明节过后,我们要让孩子们多种一些树。""不!明天就要种!""你这个急脾气啊,种树要有季节的呀!""为什么呀?""因为现在种树了,小树会死的。""是吗?小树死了也怪可怜的,嗯,好吧,我听妈妈的……"

在以后的日子啊,我天天都盼着种树的日子快快到来。一天,我和妈妈经过煤河的小树林,我非要从自行车上跳下去,一溜小跑的来到小树旁,和小树亲了亲呢!妈妈说:"你这么喜欢树,来,站好了,和小树合个

成长的礼物

影吧！"

我的感悟：

我真的希望小树快快长大，我也盼望着能种树的日子，到那个时候，我们小朋友们要种好多的树呢！让我们一起来保护我们的环境吧！

这是沙尘暴来了，天都黑了。如果不好好保护树木，每天都是沙尘暴，这太可怕了。遇到这种天气，小朋友们要赶快到室内呀！

（女儿篇）

煤河边的小树，我盼望着冬天赶紧过去，小树能快点长处绿绿的叶子。那样种树的日子就到来了。

第一百二十九个故事

明星幼儿园

一天晚上,妈妈非常高兴地对我说:"女儿,你知道吗,你的新起点幼儿园被丰南妇联评为服务业明星单位了,你就是明星幼儿园园长了!"明星幼儿园,哈哈我是明星园长啦!"妈妈你不是说过,明星就是非常好,是吗?""对啊,你一定要努力啊!""嗯,妈妈,我知道了,我会好好努力的!"其实,我知道,明星幼儿园妈妈付出的最多!

妈妈创造了明星幼儿园,我要创造自己的明星未来!

第一百三十个故事

我长大了

早上起床，妈妈不见了，我自己就一个人把里面的、外边的衣服全部穿好了。咦？妈妈哪去了？推开门就是幼儿园了，到幼儿园找到了妈妈。因为今天老幼儿园有事情，妈妈说，不能陪我到新幼儿园"五幼"了，让爸爸送我过去。"爸爸……爸爸……"不知道爸爸在家里干什么呢？我在楼道喊了半天，还跑上楼，爸爸也没在屋，哦，爸爸准是发动车去了。我刚想下楼，突然，我想到了家里的门还没有锁，我就锁好了门，把钥匙拔了下来，到楼下找爸爸去了。爸爸真的在发动车呢！我说："爸爸给，这是妈妈让我捎到五幼的零钱，这是咱们家的钥匙，门我锁好了……"爸爸吃惊地看着我，高兴地说："我的女儿长大了，长大了……"

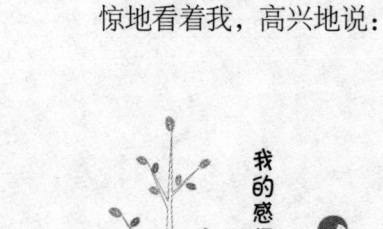

学着大人们干一点事情，他们就特别高兴，小朋友们，快来让我们帮着爸爸、妈妈干点家务吧，因为，我们在一天天的长大，不是吗？

第一百三十一个故事

DI YI BAI SAN SHI YI GE GU SHI

小园长

今天是幼儿园新生入园的日子,我和妈妈早早来到幼儿园。我学着老师的样子在门口欢迎小朋友入园,有一个小朋友吧,可能是新入园,总是在哭。我走过去把昨天新买的玩具递给了这个小弟弟,对他说:"不要哭了,姐姐带你玩游戏吧!"我拉着他的手,和他玩拍手游戏。还一句一句教他背《小白兔》的儿歌,他一句一句跟我学的可好了呢!不一会儿,小弟弟跟我玩得可好了,还追着我一直叫我姐姐。小弟弟的妈妈一直对我说谢谢。嘿嘿,这是我应该做的呀!因为我是这里的小园长嘛,照顾小朋友也是我的责任。其实小朋友们不要害怕去幼儿园,虽然每天要和妈妈分开一段时间,但是园里还有很多老师照顾你们啊,还有很多小朋友呢,我们可以一起玩游戏,玩玩具,过家家,还能一起学知识呢!在幼儿园里真的很快乐哦!

我也是小园长,我要和妈妈一样,做一个有爱心有责任心的园长!

第一百三十二个故事

照片背后的故事

那是2011年初冬,班里组织了一个种希望的活动。老师给我们每个人发了几粒绿豆,看谁先种出来。拿到这几粒种子,我先用水泡了一会儿,再认真种下去,浇上了水,摆在窗台上阳光最充足的地方。一向爱睡懒觉的我因为等待它发芽,每天第一个来到幼儿园教室,为它们浇上一点点水,让土壤保持湿润。很快,没几天它们就发芽了,而且长得很快。我种下的种子是发芽最早,长势最好的。当妈妈和我分享其中的秘密时,我说:"我先想到的是种子发芽最需要的是什么,是水呀,所以就用水泡了一下。又想它们需要阳光,就放在窗台上。这样,有了土、水和阳光,加上我等待它们发芽的决心和信心,我每天对它们说话:'小种子,快发芽。'相信自己,突破自己,就一定能成功!"

无论做任何事情,都要讲究科学方法,要用细心和耐心去呵护,并付出努力,相信自己一定能够成功。

第一百三十三个故事

DI YI BAI SAN SHI SAN GE GU SHI

我的妈妈是政协代表

我的妈妈不仅是个幼儿园园长，知道关心小朋友，还是丰南出席唐山市政协的政协委员呢。妈妈说，丰南只有 15 位出席代表，妈妈就是其中之一，真的是了不起呢！爸爸说这是我们家最大的官，哈哈！但是妈妈到石家庄、唐山开好多天的会的时候我就不高兴了，因为好多好多天都不能见到妈妈了。晚上我和爸爸在一起睡觉的时候，特别想妈妈，我知道妈妈在远处也一定在想我呢！虽然要和妈妈分开一些日子，但我还是觉得我的妈妈很棒，长大了我也做一个妈妈一样的人！

我的感悟：

榜样就在身边，榜样的力量最大，身边的榜样最有说服力！

第一百三十四个故事

幼儿园里来了大领导

今天我还在睡梦中,就被爸爸、妈妈的对话吵醒了。他们说,今天要早早到幼儿园去检查一下,因为要来好多的大领导呢!

妈妈在我的床头柜上准备了一套漂亮的新衣服,妈妈今天穿的也特别漂亮。妈妈说书记、区长们都要到我们新起点幼儿园来视察呢!啥叫视察呢?妈妈早早走了,爸爸一边帮我穿衣服一边说:"视察啊,就是领导们来看看幼儿园怎么样啊,小朋友们吃的怎么样啊,课上的怎么样啊。""爸爸,今天我在幼儿园一定好好听话,好好表现,让领导叔叔知道我们在幼儿园过得可好了,可开心了。"爸爸说:"宝贝女儿真懂事。"

我上课的时候,妈妈带着好多的客人来到了我们班,客人们还和我们小朋友说话、握手呢。妈妈说,这是我的女儿,我就高兴地说:"叔叔、伯伯好!"没想到一个伯伯还亲了我的小脸呢,我高兴地冲他笑着,嘻嘻。再看妈妈,笑得更灿烂。

我的感悟:

妈妈说的大领导我觉得特别亲,小朋友们可要有礼貌哦……

第一百三十五个故事

妈妈说我知道学习了

这些天,爸爸、妈妈的事情特别的多,他们也顾不上我了。这下可好了,没人管的时候,看电视、玩游戏,有的时候还把好朋友叫到家里来玩,吃的、玩的、看的统统都拿出来。爸爸妈妈每天回来的时候都说,我家开电影城了。不管开什么城,我反正玩得特开心,妈妈也没有说我,嘻嘻,忙的呗。

可过了几天,我又觉得没有什么意思了,感觉有件重要的事情没有做,是不是不太懂事了?小朋友,你们猜猜,是什么事情啊?没有猜出来吧,就是学习呀,拼音啊,可别忘了,我拼音才考了十八分啊,哎……不行,我要看书了。我拿出点读机,拿出了笔和本,在书桌上学习起来。我不学的时候玩得开心,学的时候又把玩忘了。天亮着的时候我就开始学习,天都黑了,妈妈、爸爸还没有回来。行了,继续学吧,对了,记得把台灯打开呀,要不天黑了学习对眼睛可是很不好的。

妈妈很晚才回来了,还一个劲地向我道歉呢!"对不起,女儿,妈妈回来晚了,你

成长的礼物

饿了吧。"再一看我写了这么多的拼音,又高兴地唠叨着:"哎呀!我的女儿知道自己学习了,知道学习了……"看妈妈的高兴劲!这有什么呀,我长大了嘛!妈妈你放心吧,我以后不会再那么贪玩,让你费心啦!小朋友们请看,这就是当时我学习的样子,后来,妈妈一高兴,又让我坐在课桌前,照相留影了呢!嘻嘻!有点不好意思……

我的感悟:

> 我觉得悟性最重要,自己懂得了,就自觉了,我们都在一天天的长大嘛,嘻嘻……

(女儿篇)

第一百三十六个故事

我的妈妈

亲爱的叔叔、阿姨们,我有一个从事幼教的妈妈,她在我和哥哥、爸爸的心目中,是一个非常了不起的伟大女性。我在这里不再细说她对我们的好,就请看一看,她的教育观吧:"孩子的教育,拼的是功底,拼的是父母的处世态度和人生感悟。父母是孩子的第一任老师,如果父母的人格有问题,孩子是直接的受害者。一位妈妈,决定了一个家庭的未来,妈妈成长好了,儿女就不会差。为了教育好孩子,妈妈们应该首先栽培自己,把整个人生都参与到孩子的教育中来,走进孩子的精神世界。"以上是哥哥在妈妈的微博里看到后,念给我听的,我让哥哥给抄录了下来,记在了我的小本本上,我还把小本本送给了好朋友的妈妈看。今天我也让叔叔、阿姨们看看,妈妈说的是不是特别有道理啊,这就是我的妈妈。

我感谢我的妈妈,没有妈妈,就没有我的世界……

第一百三十七个故事

流泪的心

我其实不是一个特别喜欢做作业的好孩子，玩还是第一重要的，玩高兴了就会把什么都忘掉。这不，今天老师留的作业我又忘了，我都到被窝里快睡觉了，妈妈问我作业完成了没有。妈妈说："老师留的作业忘了吧？""嗯。"我不好意思的点了点头，又穿上衣服走到书桌旁写起了作业。哎！我真的好困啊，可是不管怎么样也要把作业写完啊，要不，明天老师收作业，我苏世一的没有，多丢人啊。可是我眼都要睁不开了，眼皮打着架，迷迷糊糊的，也不知道算的对不对，反正我写完了。哎！真烦人啊，每天还留作业，我受伤的心啊……不知不觉地我把自己的心情划在了本子上，睡了……看看吧，迷迷糊糊的，一不留神地在作业本上还划上了眼中的泪滴……妈妈还给我照下来了，多不好意思啊，以后，改了，还不行吗？

我嘛，就喜欢玩，作业！我以后也不会忘了。

第一百三十八个故事

卡拉 OK 大赛（一）初赛

我和妈妈报名参加了唐山天上人间 KTV 组织的卡拉 OK 大赛，虽然我的嗓子有点小问题，但是登台锻炼的机会不能错过，重在参与嘛。

当我走进演播大厅，一下子就体会到了众星捧月的感觉。我往评委面前一站，一开口，六位评委就全都拿出手机为我拍起照来，还冲着我录像呢！我前面几个选手唱几句就被喊停了，可我的《卖花姑娘》唱了两段，评委们一致说非常好。也许要感谢妈妈给我锻炼的机会多吧，我站在台上一点都不紧张，鞠躬后还没忘说"谢谢"呢。妈妈说，我今天表现的非常棒，特别有"明星范"。嘻嘻……

卡拉OK大赛（二）复赛

小朋友们你们知道吗，又有一个好消息来了，我参加了唐山天上人间KTV组织卡拉OK大赛，我以一曲《买花姑娘》取得了不错的成绩呢。我呀，进入复赛了。我真是特别高兴。这不，这次妈妈为我选了一首更好听的歌叫《小小少年》。为了提高我的演唱技巧，幼儿园的声乐老师，还有我的妈妈可是下了不少的功夫呢。他们一会儿教我歌曲，一会儿教我歌词，我还女扮男装呢！带着一个小帽子，就是一个小男孩，一个小少年。我告诉你们啊，我抓的是10号，妈妈说就是十全十美的意思。小朋友们，你们就等着我胜利的好消息吧！我有自信，一定能唱好，因为我练习好多次了，真的！

第一百四十个故事

卡拉 OK 大赛（三）

轻松地等待复赛

小朋友们，你们可能不知道呢，我初赛来晚了，排到了八十号呢！可这次复赛我又来的太早了，指定的 KTV 还没有营业呢！

没关系，我正好可以玩儿一会儿。我一点也不像其他的小朋友们那么紧张，这有啥紧张的，我还到了附近的公园里玩了一会呢。嘿嘿，妈妈说我的心理素质现在可好了，遇到什么事情都不紧张！

第一百四十一个故事

卡拉OK大赛（四）

复赛中的走思

小朋友们你们知道吗，我在复赛的时候表现的可轻松了。一首《小小少年》我唱得可带劲了。不知道为什么，这次的掌声没有初赛时的《卖花姑娘》那么热烈。不管怎样，我高兴地走出了赛场。我见到妈妈时说："妈妈我唱得好吗？我能进入决赛吗？"妈妈说："怕是没有什么希望了。""为什么呀？"妈妈说因为我思想太放松了，头脑反而走思了。没有日常的水准，发挥失常了，第一段唱得比伴奏快了。我说，妈妈真对不起，我在唱的时候还想，这次一定能得奖杯呢！我要把奖杯换成钱，给妈妈买好多好多东西，有漂亮的裙子，好吃的牛排……因为妈妈太辛苦了。妈妈说，女儿的孝心我知道，可这是舞台啊。以后啊，千万不能在上台表演的时候想这些知道吗？这叫思想不集中。妈妈我知道了，决赛的时候我一定好好地表演，不再想别的了。妈妈说，一定会还有希望的……

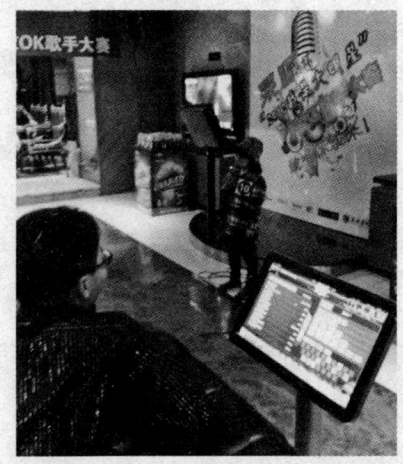

我的感悟:

通过这次的比赛,我知道了无论做什么事情,都要认真,不能分心。一心一意才能把事情做的完美,三心二意是成不了大事的。妈妈,放心吧!我记住了!

第一百四十二个故事

心疼妈妈

这些天，妈妈的颈椎病和腰痛病又犯了。妈妈这次生病很听医生的话，好几天都没有去幼儿园了。可能妈妈这次犯得特别厉害，晚上吃饭都是躺在床上吃。有时候，爸爸给妈妈把饭做好了，放在妈妈的床头，有的时候阿姨帮着做饭。我每天都要帮助妈妈做好多好多的事情呢，比如，给妈妈倒水、吃药，还给妈妈讲故事、唱歌呢。妈妈说，最爱听我朗诵的儿歌呢。妈妈的评语是"激情澎湃、感情真挚"将来一定是个大演说家，哈哈……我知道我没有妈妈夸得那么好，但只要妈妈听了高兴、病好了，我就使劲地朗诵，我一天要朗诵十几首儿歌呢！把我会的，还有书上的，我都朗诵给妈妈听了，妈妈笑得可甜了……妈妈说，我的女儿真的懂妈妈的心，知道心疼人了……妈妈，我以后会更懂事的，你不要再生病了，好不好？

我看过的一本书里写着：当爸爸妈妈不开心或生病的时候，孩子的出色表现胜过苦口的良药。现在妈妈病了，我可要好好表现，好让妈妈早早的好起来呀！

第一百四十三个故事
DI YI BAI SI SHI SAN GE GU SHI

三条鱼的故事

今天是周末,晚上妈妈说要给我讲个三条鱼的故事,我兴致勃勃地趴在床上,晃着小脚,妈妈侧躺在一边,开始讲故事。

第一条是海洋深处的大马哈鱼。大马哈鱼妈妈产完卵后,就守在一边,孵化出来的小鱼还不会自己寻找食物,只能靠吃母亲的肉长大。大马哈鱼妈妈忍着剧痛,任凭小鱼们撕咬。等小鱼长大了,鱼妈妈却只剩下一堆骸骨,无声地诠释着这个世界上最伟大的母爱,大马哈鱼是一条母爱之鱼。

第二条是微山湖的乌鳢。据说鱼妈妈产子后便双目失明,眼睛看不见东西,没有办法去寻找食物而只能忍饥挨饿。孵化出来的千百条小鱼孩子,不忍母亲饿死,便一条一条地主动游到鱼妈妈的嘴里供妈妈充饥。鱼妈妈活过来了,而小鱼孩子的存活量却不到总数的十分之一,它们大多为了母亲献出了自己年幼的生命,乌鳢是一条孝子之鱼。

第三条是鲑鱼。每年产卵季节,鲑鱼都要千方百计地从海洋洄游到位于陆地上的出生地——那条陆地上的河流。央视动物世界曾经播放了鲑鱼的回家之路,极其惨烈和悲壮。回家的路上要飞跃大瀑布,瀑布旁边还守着成群的灰熊,不能跃过大瀑布的鱼多半进入了灰熊的肚中。跃过大瀑布的鱼已经筋疲力尽,却还得面对数以万计的鱼雕的猎食。只有不多的幸运

成长的礼物

者才可以躲过追捕。耗尽所有的能量和储备的脂肪后，鲑鱼游回了自己的出生地，完成它们生命中最重要的事情，生小宝宝。

听完妈妈的故事，妈妈问我受到了什么启发，我钻到妈妈怀里，抱着妈妈说："第一种鱼是告诉我们妈妈是多么得爱孩子；第二种鱼告诉我们孩子也非常的爱妈妈；第三种鱼告诉我们妈妈生下我们是多么得不容易，我们更要好好的爱妈妈。对吗？"妈妈在我头上亲了一口，抱着我说："对，宝贝儿，妈妈会永远爱你，会永远保护你的，你也要永远爱妈妈呀！"

我的感悟：

每个妈妈都非常爱自己的孩子，为了自己的孩子什么都愿意付出，我们也要爱妈妈，报答妈妈的养育之恩呀。

（女儿篇）

第一百四十四个故事

献给妈妈的爱

这些天,幼儿园里非常忙,妈妈每天都早出晚归的。妈妈每天都在打电话,和别人说事情非常辛苦,饭都顾不上吃了呢!每天我看着妈妈辛苦忙碌的样子,心里非常难受。妈妈有时候还要和我一起练歌、跆拳道、晨练。哎,看着妈妈最近都瘦了,可是自己还小,怎么能帮妈妈分担一些呢?一天,我写完作业,想到辛苦忙碌的妈妈,决定画一张画送给妈妈。先画一个大大的爱心,那是我对妈妈的爱,是最大的,对了,还要写上我的名字,要不然妈妈不知道谁是最爱她的。还要画上爸爸的爱、哥哥的爱、老师们的爱、小朋友的爱,大家都爱妈妈。画完了,我跑进了妈妈的办公室说:"妈妈,这是我给您的爱心,我特别爱您,感谢您为我做的一切,您像一盏明亮的灯,给了我光明,照亮我前面的路。我们大家都爱你,妈妈你辛苦了!"妈妈一把抱过我来说:"我的女儿就是天生的嘴甜⋯⋯"嘿嘿,虽然画的有点简单,但那上面的一颗颗心,可都是对妈妈的爱⋯⋯

要把对爸爸、妈妈的爱说出来,他们就幸福了⋯⋯嘻嘻!

第一百四十五个故事

安全教育歌谣

妈妈说最近电视上总有小朋友受到伤害,但很多小朋友都不知道遇到危险怎么办,如果我们学会"低龄儿童十首安全歌谣",记住歌谣的内容,自己一个人遇到危险的时候就知道保护自己了。大家都来学一下吧!

童谣一:一个人,上学校,问我什么不知道。低下头,快点走,追上前边小朋友。

童谣二:一人在家放暑假,生人敲门不应答。问路送奶查电表,决不开门我当家。

童谣三:小白兔,上学校,见生人,有礼貌。不说话,笑一笑,蹦蹦跳跳快走掉。

童谣四:小熊小熊好宝宝,背心裤衩都穿好。里面不许别人摸,男孩女孩都知道。

童谣五:小小秘密藏心里,谁也不会告诉你。坏人要是欺负你,告诉妈妈要牢记。

童谣六:小老虎,会撕咬,小山羊,敢顶角。坏蛋问我不知道,敢骗坏人赶快跑。

童谣七:火灾来了拔腿跑,弯腰捂嘴向下逃。逃跑不能坐电梯,危险挥手大声叫。

童谣八：身后有人很可疑，走到马路对面去。要是他又跟过来，拔腿就跑莫迟疑。

童谣九：红灯停，绿灯行。遇到黄灯不抢行。先左后右看一看，一定要走斑马线。

童谣十：骑车避免上马路，不许撒把与攀扶，打闹追逐危险多，人多转弯要减速。

妈妈嘱咐我：在遇到坏人和危险的时候可以踢人，可以咬人，可以撒谎，可以砸东西，可以夺路而逃，可以不讲礼貌，一定要学会保护自己。

妈妈们都怕自己的孩子受到伤害，小朋友们，你们一定要记住，有危险的时候要保护好自己哦！

我给小侄儿做菜

嫂子的肚子真大呀，每天都叉着腰慢慢地溜达，有时我也学着嫂子的样子溜达，把大家都逗坏了。我以前就像小宝宝一样住在妈妈肚子里呢！我问嫂子："小侄儿在肚子里动吗？淘气吗？踢你吗？"嫂子笑着说："可不听话了，总是踢我。""那他怎么睡觉呀？他吃什么呀？"嫂子摸着我的小脑袋瓜说："这个我还真说不清楚。"

这时妈妈正在厨房里做饭，我来到妈妈边上。小心翼翼地拿着菜刀把蒜苔的根切去，再把蒜苔洗干净切成小段，和妈妈说："这个给嫂子做菜吃吧，嫂子吃了会有营养，小侄儿也能吃饱了，然后就会睡觉了。不然总用他的小腿踢嫂子，嫂子多疼啊……"在吃饭的时候，我使劲的用小菜勺给嫂子舀蒜苔。妈妈和大家说，蒜苔是世一做给小侄儿吃的，怕小侄儿吃不饱总是踢嫂子，看看都知道心疼嫂子了。嘿嘿，大家都夸我又懂事又能干。

我的感悟：

小朋友们，我偷偷地告诉你们吧，我现在特别盼望着小侄儿赶紧出来，这样我就有玩伴啦！

第一百四十七个故事

课外训练班

妈妈为了提高我的口才,在唐山口才学校,为我报了口才训练班。今天我跟随着妈妈,兴高采烈地来到学校。哈哈,这里的小朋友可真多呀,还有很多大人呢!我们小朋友们在一起可高兴了,一起玩游戏,一起讨论新的动画片。嘻嘻,这些妈妈不知道哦,不要告诉她。在口才班,我们老师讲课非常地有魅力,深深地吸引了我。老师说:"看见长辈要有礼貌、要微笑着说话,还有,说话声音要柔和、甜美,还有说话不要慢吞吞的,要让人听清楚,要用标准语言……"我认真听讲,生怕漏掉一个字。老师还给我们做了好多的示范,大家就在现场跟着学习,每个人都非常认真。我的进步还是比较快的,在我毕业的比赛中,我的诗歌《献给妈妈的爱》还得了一等奖呢,哈哈……高兴的事特别多!

对了,我还特别喜欢妈妈给我报的声乐班。老师教的特别认真,而且还很幽默,经常逗得我们哈哈大笑。我们学得也特别有兴趣,有的时候都不喜欢下课呢!妈妈每次从声乐班接我回家的时候,在路上都要问我有什么收获,我会手舞足蹈地高高兴兴地和妈妈说一路呢!爸爸一边开着车一边说:"你妈给你报了这么多课外班你累不累啊,我都替我女儿累了。"我使劲摇摇头说:"爸爸,我才不累呢,我可喜欢妈妈给我报的班了,比上课还有意思。妈妈,要是有好的课外班我还要上……"

成长 的礼物

我的感悟：

（女儿篇）

小朋友们，不要怕妈妈给我们报好多的班，其实啊，只要我们踏下心来学习，收获还是挺大的，真的，不信，你们也试试吧！一边玩着一边学，在快乐中掌握更多的知识，长大了，都用得着的，对吗？

第一百四十八个故事

动手做蛋糕

有一天中午,我到幼儿园去找妈妈,妈妈正在蛋糕房和糕点师做蛋糕呢,我说我也要做蛋糕。我先把手洗干净,然后和妈妈、阿姨一起做面团。幼儿园里的小朋友很多,妈妈和阿姨们做好多的面团呢,她们太辛苦了!终于在我的努力下,一小块面团好了,妈妈和阿姨把面团放进烤箱里,等啊等,终于飘来一阵阵的香味,把我的小馋虫都勾出来了,呵呵。妈妈把奶油挤到烤好的蛋糕上,我还拿出了自己的彩色巧克力撒在了上面,我就爱吃蛋糕上有巧克力的,特别甜。小朋友们肯定也都爱吃。妈妈说:"这个创意真好,以后啊,我们要多做点花样,这样小朋友们就更爱吃了。"做蛋糕,动手能力强,还开动了脑子,妈妈说,培养孩子啊,哪都有课堂。嘻嘻!听不懂,我就是想吃自己做的蛋糕……

我的感悟:

不论干什么,都要自己多试试、多想想,成功了心里那个高兴劲……我不说了,小朋友们,你们自己也都试试吧!

第一百四十九个故事

上网学知识

我每天都和妈妈一起上网查资料，妈妈说当今的网络世界就像一个大的知识宝库，她要教会我如何使用宝库并找到宝藏。每次晚上妈妈查资料，我都要搬上一个板凳，静静地和妈妈一起看网上的新闻动态、幼教知识、育婴知识、校园管理等等。我其实根本看不懂，妈妈就小声地给我念出来。除此之外，我们还喜欢经典名人警句，尤其是那些励志语言，如果看到非常精彩的，妈妈都要大声地念给我，并提示我再大声地重复着念上几遍。我们还喜欢诗歌，尤其是那小孩子的诗歌，我就和妈妈一起念着，分享着诗歌的魅力。我们还喜欢孔子的、孟子的学说，对有些别人引用的片段，妈妈还会给我做解释。"三人行，必有我师焉。择其善者而从之，其不善者而改之。"妈妈解释为：几个人在一起走路，其中一定有人可以当我的老师。应当选择他们的优点去学习，对他们的缺点，要注意改正。我似懂非懂的听着，虽然没有全懂，但比一点不懂还是强得多。我和妈妈每天都在学习，每天都在进步。

妈妈说活到老学到老。妈妈也不反对我上网，但一定要学会利用网络学习知识，而不是沉迷游戏哦。

第一百五十个故事

我和妈妈的对话

这些天,妈妈忙着准备东西,因为嫂子要生小宝宝了。妈妈说,在嫂子生小宝宝之前,要满足我的一个心愿:到豪客来吃牛排。快到中午了,妈妈和我一起走在去豪客来的路上,我说:"妈妈,等你老了,我会买一个轮椅,每天推你晒太阳。"

"是吗?太感谢了,我知道我女儿最有孝心了。"

"妈妈,等嫂子生了小宝宝,我就和你一起用婴儿车推小宝宝去公园,再也不吃小宝宝的醋。自从您告诉我,就是有了小宝宝,妈妈也一样爱我,我就放心了。"

"是吗?真的不吃醋了吗?"

"真的,妈妈,我现在大了,和小宝宝比,还不叫小朋友笑话,嘻嘻……"

"我就知道女儿啊,最懂事了……"

"感谢妈妈陪我走路,感谢妈妈为我付出这么多!"

妈妈说:"付出的再多,看到女儿一天天的长大,心里也是甜的,更是心甘情愿的……"

妈妈和我,嘿嘿,就是好朋友……

第一百五十一个故事
DI YI BAI WU SHI YI GE GU SHI

小侄儿出生了

今天家里的气氛有点不一样了呢，每个人都喜气洋洋的，妈妈跟我说小侄子出生了。小侄子？是嫂子肚子里的小侄子吗？哈哈！太好了，我有小玩伴了！

我兴奋地跟随着妈妈去医院看望嫂子和小侄子。看到嫂子的时候，嫂子还很虚弱呢，我问嫂子："疼吗？"嫂子笑着说："当然疼了，不过很幸福啊。"妈妈当初生我的时候也是这么辛苦吧，我一定要好好孝敬妈妈。躺在嫂子旁边的小侄儿很乖呢，一直在睡觉，嘿嘿终于看到盼望很久的小侄子了。不过小侄子怎么跟别的小朋友不一样呢？"妈妈，小侄子怎么皱皱的呀？"妈妈说："他还没有长大，等过几天就漂亮啦！""每个小朋友刚出生的时候都是这个样子吗？""是啊，我们心圆刚出生的时候也是这样子的，现在不是越来越漂亮了吗？""嘿嘿，妈妈，我一定会好好爱护小侄子的，也会孝敬你的。"

妈妈们生小孩子的时候很辛苦的，我们一定要好好爱我们的妈妈哦。小侄子终于出生了，我要帮妈妈好好照看小侄儿!

第一百五十二个故事

血脉真情

小朋友们你们知道吗？我平时睡觉啊特死，只要睡着了，敲锣打鼓都不会吵醒我的。可是今天夜里，我却让一只大蚊子给吵醒了。它嗡嗡地叫着，一会儿落在我的脸上，一会儿叮在我的胳膊和腿上。我迷迷糊糊地不想睁开眼睛。呀！叮了小侄儿怎么办啊？想到这里，我张开眼睛，拿手拍了半天，根本打不到。我一下子就坐了起来，着急地推着妈妈说："快醒醒，不得了呀，有只大蚊子，会叮小宝宝的，醒醒啊！"就这样，妈妈让我给推醒了。我知道妈妈很累，可是，我也没有别的办法啊。后来，我和妈妈找了老半天，还是妈妈厉害，打死了大蚊子。妈妈说，我首先想到的是小宝宝，真是"血脉真情"啊。消灭了大蚊子，困意又来了，我倒头就睡了，没听清妈妈后边说了什么……

小宝宝是我的侄儿是妈妈的孙子，爱护他，是我们大家的责任，呵呵……

第一百五十三个故事

我生病了

这两天我感冒了,一直发高烧。量完体温,妈妈说都烧到四十度了。赶紧找中医冯大夫给我做推拿,刮痧,还有针刺疗法。每天要喝比平时多喝好多的水,但体温还是没有降下来。哎,好难受啊,我的扁桃体肿得特别厉害,都充血了。看着我吐出的痰里面带着血,我突然害怕起来:"妈妈我是不是要死了啊,呜呜……"妈妈赶紧把我抱在她的怀里说,"我的宝贝女儿才不会呢!宝贝要坚强啊,我们一定要挺得住。"说着说着就哭了……

爸爸和妈妈在外屋吵架的声音非常大,听爸爸说是让我到医院输液,可妈妈还是坚持中医疗法。吵架的声音越来越大,我不知道该怎么办,心里特别的害怕,"别吵了!烦死了!"我的一声怒吼,外面的吵闹声马上就停止了,妈妈眼睛红红的又赶紧跑过来了。我哭着说:"爸爸妈妈不要吵架,我害怕,呜呜……"妈妈说:"爸爸妈妈没有吵架,我们是在谈事情,宝贝儿不怕啊。"妈妈用冷毛巾敷了我的手心、脚心、后背,又给我喝了一大杯子温热的水。可能爸爸说的话触动了她,妈妈在水里还加了两袋感冒冲剂,不一会儿,我就呼呼睡着了。妈妈说,这一觉,我足足睡了四个小时,醒来时中医冯大夫也在家里。我又测量了体温,冯大夫说恢复正常了,三十六度八。妈妈舒了一口气。妈妈非常相信中医推拿,她说中医博大精深，不会伤害脏器……呵呵，我的妈妈总是有一套她自己的理论。

　　我的感冒好了，我对妈妈说，谢谢妈妈照顾我。我帮你照顾小侄儿吧。妈妈辛苦了！是的，我的妈妈真的非常伟大，她要管理幼儿园、照顾小侄子，还要担心和照顾我的病。妈妈我感冒好了，我要帮你，不要你这么累了，好吗？

我的感悟：

孩子就像小树，也有打蔫的时候，但我们不要怕，坚强了小树就会精神起来，这叫：精神抵抗力，嘻嘻……这个词是妈妈创造的，给力吧！

李老师病了

这几天在幼儿园,我总是没有看见班主任李老师。我问妈妈:"李老师怎么没有给我们上课呀?"妈妈说李老师病了,是感冒。我一听感冒,想到自己前些日子感冒难受的样子,马上和妈妈说:"快和李老师讲推拿、刮痧,要不还会吐血的。""我告诉李老师了,还给她推荐了冯大夫呢!""妈妈你真好,这下李老师一定好了!"

我给李老师写封信吧:"李老师快好起来,我们都好想你啊,我们都在等你给我们上课,你快点回来吧!"写完后,我说等李老师来了,送给她,妈妈听了笑着说:"我的女儿懂事了!"

我们要学会关心别人,因为关心时刻都在我们身边,也在大家的身边,不是吗?

第一百五十五个故事

我越来越喜欢我的小侄儿了

我和我哥哥的孩子感情特别深,因为,他从生下来就和我、妈妈睡在一个床上。妈妈的左边是我、他的小老姑,右边就是妈妈的亲孙子,我的小侄子。妈妈说我们是她的"左膀右臂"。小侄刚生下来的时候,我可喜欢他了,每天都要逗他玩。可有的时候,我也特别烦他,尤其是哭的时候、拉屎的时候。可妈妈特别有耐心,当我一烦他,撅嘴的时候,妈妈就会和我讲,哥哥嫂子都有工作,一定要帮助他们。再说了,你小时候,也是这样过来的,知道吗?也要在大人们吃饭的时候拉屎的呀……听了妈妈的话,我感觉也对,每个小孩都不懂事,等懂事情了就好了,我不也是刚懂事的吗?对了,我现在长大了,我一定要帮助妈妈照顾小侄子,要不,妈妈太辛苦了。

以后,我再也不烦小侄子了,每天不但和他玩,还学着妈妈的样子,温柔地给他讲故事呢。他呢!可乖了,还跟着我,学说话呢,嘿!真可爱。我是越来越喜欢我的小侄儿了,嘻嘻……

妈妈是我的榜样,我要像妈妈一样对小侄儿有爱心、耐心……这也是妈妈给我提的要求,行吧,照做!

成长的礼物

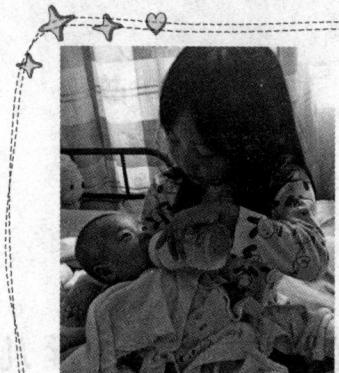

看，我学着妈妈的样子正给我的小侄儿喂牛奶呢！小侄儿在我怀里不哭也不闹，非常的听话。嘻嘻，看来他也是非常喜欢我这个小老姑嘛！小侄儿小侄儿快快长大吧，我还要带你玩好多玩具呢！

第一百五十六个故事

晒食谱

因为我感冒刚好没有几天,妈妈为了提高我的身体免疫力,每天给我换着样的做饭。其实,也不是什么鱼呀肉的,我根本吃不下。用妈妈的话说,要吃的既清淡又有营养。妈妈做的饭又爽口又好吃呢,我给你们看看吧!

早上喝一杯牛奶、小点心、还有小花卷,一小块妈妈自己灌制的腊肠,一小盘海带丝,半个鸡蛋;

中午是米饭、西红柿炒鸡蛋、鱼香肉丝,有时还有宫保鸡丁,换着吃呗;

晚上妈妈经常炖山药雪梨汤,玉米渣粥(不放碱)。妈妈有时把玉米渣粥、玉米面粥都会熬出一层油皮儿,我就爱吃这层粥皮儿,特别香,我还给它起了一个名字,叫黄金粥。嘿嘿,就着黄瓜拌木耳,饭后再吃一根蒸的玉米,喝半小碗黑豆浆。妈妈说要以粗粮、素食为主,不要看它是粗粮,我吃的特别多、特别香。

成长的礼物

在妈妈的精心照顾下,我自己都觉得精神了许多,病自然很快就好了。而且妈妈和老师也都说,我的个子也蹭蹭得长。哎,其实这是妈妈精心照顾我的结果。妈妈说,她不怕麻烦,只要女儿身体健康,她就心满意足了。小伙伴们,你们看看照片上的我精神吗?漂亮吗?

我的感悟：

> 小朋友们,晒晒我的食谱,你们偷偷地流口水了吗?快让你们的妈妈也做吧!

(女儿篇)

第一百五十七个故事

我不怪妈妈

今天快要放学的时候,突然下起小雨,可妈妈还没有到新幼儿园来接我。哎!要是老幼儿园就好了,就在一个楼里,多方便啊。爸爸也出差了,一会儿谁来接我呢,妈妈还要看小侄儿呢!我皱着眉头,望着雨发愁,怎么办呢?这时甜甜的妈妈带着甜甜从我身边走了过去,"阿姨,能带我一起回家吗?"阿姨马上就答应了,"走吧,我开车送你回家。"哈哈,阿姨真好,不愧是我好朋友的妈妈。一会儿就到家了,阿姨把我送到楼道里,我和阿姨说:"谢谢,再见。"还请甜甜和阿姨到家做客,不过天快黑了他们也着急,就回家了。

回到家,妈妈问我怎么回来的,我说是让甜甜妈妈开车送回来的。妈妈这次却没有表扬我,她说甜甜和她的妈妈并不顺路,下雨天,给甜甜妈妈添麻烦了!以后请求别人时要动一下脑子,不要因为自己的事情而给别人带来麻烦。我原来以为,我自己能请求别人帮忙送我回家,妈妈会表扬我勇敢呢。妈妈的话,我记住了,我不怪妈妈,以后我会做地更好……嘻嘻!

妈妈说的对。我在请别人帮忙的时候,也一定要为别人考虑。不能只考虑自己。我以后会这样做的。

第一百五十八个故事

我和明星合影

在我刚懂事的时候，我就知道什么是明星了，妈妈说明星就是耀眼璀璨的星星，比一般人能力大，是成就大事业的人。有明星艺人，有明星企业家，有明星演说家……"妈妈长大了我要当明星。"在电视上我认识很多明星呢，有周杰伦、有成龙、还有马云、有奥巴马……妈妈说："孩子啊，只要你有梦想，再加上努力，梦想一定会实现的。"有一天，我真的看见了一个电影大明星，任程伟叔叔。那是在丰南维景大酒店，任叔叔正在锻炼身体的时候，我看见了他。"妈妈，是大明星！"妈妈一看，真是。"妈妈，我要和大明星合影。你来给我照呀。"说完我就跑到了健身房里找任叔叔合影了。任叔叔一点也没有大明星的架子。我向他说："叔叔好，我叫苏世一，我知道您是大明星，我能和您合个影吗？"任叔叔被我的话逗乐了，叔叔说："多机灵的孩子啊。"一下就把我抱了起来。终于我和任叔叔照了相。啊，竟然和明星叔叔合影了，哈哈！我以后一定继续努力，让自己走上更大的舞台，见到更多的明星。我相信，将来自己也一定可以成为大明星的！

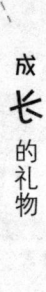

成长 的礼物

我的感悟：

人人都有梦想，这是天性，关键是自己是否后天努力，没有天上掉馅饼，只要努力，我的梦想就会实现了……呵呵，道理深刻哦！

看，任程伟叔叔是不是很帅呀！他曾荣获第十九届电视金鹰节最佳男演员、文化部戏剧展演表演奖呢！嘻嘻，我和叔叔合影时好激动呢！这永远是的我珍藏版哟……

（女儿篇）

第一百五十九个故事

我学自由泳

妈妈虽然说很累,可她依然坚守着她自己的信念,始终没有放弃对我的培养。这不,刚学会了蛙泳,又把我送到丰南维景大酒店的游泳池里来学自由泳了。

我可是最喜欢游泳了,一到游泳池里,嘿嘿!什么事都忘了。教练教的非常认真,我学的也有兴趣,就是感到自由泳不是太好学,老师教了好多次呢,动作怎么也规范不起来。在休息的时候,妈妈问我累不累。我说:"累了,妈妈,我怎么感觉我这么笨呢,大哥哥教了我半天,我就是学不会。"妈妈说:"天底下没有一个笨孩子,还是练习的少,今天,我们刚学,就想一下子就学会了,天底下哪有这么容易做到的事情啊!你呀就是一个急脾气,学游泳不像其他别的,有的动作必须规范,要不一辈子都会纠正不过来的,是吗?教练。"大哥哥教练说:"小妹妹进步已经算是快的了,因为自由泳本身确实有难

度和技巧，只要坚持，一定会学会的。"我暗下决心，妈妈，我一定会学会的。"自由泳"——我要向你挑战，我心里大声的喊着……

做事情要学会坚持，只有坚持，才能胜利，自由泳我一定学会，你们相信我吗？

第一百六十个故事

妈妈的富养女的观念

我的妈妈在培养我的时候非常舍得花钱，她有一个"穷养小子、富养女"的说法，这是我在妈妈的《女儿成长日记》里读到的她的想法。你们看看，她的想法对吗？妈妈写到："富养女儿应该是精神上的。心灵的丰盈、眼界开阔、精神愉悦、物质适可而止。让她不管在什么时候，都能乐观、自强、自信、自爱，有自己的价值取向和对事物的判别标准，有自己的人生目标。俗话说腹有诗书气自华，要为她进行文化范畴的投资，让她有贵气。"你们能读懂我妈妈的"富养女"的观念吗？

> 其实我一直在配合着妈妈的这个观念，我不知道这个观念正确与否，我知道这里充满的全是爱……

第一百六十一个故事

不和小侄儿争宠

自从有了小侄儿,妈妈主要的精力都用来照顾小侄儿了,给我讲故事的时间也越来越少了。妈妈说,感觉对不起宝贝女儿了,我说:"妈妈,我长大了,我能独立,你就专心照顾小侄儿吧。"妈妈笑了,夸我长大了懂事了,成了大姑娘了。我知道妈妈的辛苦,我有时候看到妈妈和小侄儿亲热的样子,心里也有酸酸的味道。可我总是装作没有看见,因为,我也特别喜爱我的小侄儿,我还经常抱着小侄儿玩呢。但我对妈妈也提出了自己的一点小看法:一是要让嫂子多抱小宝宝,不然他习惯了你,会不认识他的爸爸妈妈。二是让妈妈先别睡,要先看一会儿,不然宝宝刚吃完奶,万一吐了会呛到。妈妈说,这两点建议都非常好,她都接纳。

我的感悟:

自己当了小老姑,就应该心胸宽大一点,让妈妈把更多的时间和爱都给小侄儿吧,因为他还太小。呵呵……

第一百六十二个故事
DI YI BAI LIU SHI ER GE GU SHI

妈妈做的蛋糕最好吃

妈妈不但心地善良,还心灵手巧,会做何种各样的饭,还会做蛋挞和蛋糕呢!有一天,我突然想吃妈妈做的蛋糕了,就和妈妈商量着说:"妈妈有时间吗?给我做点蛋糕吃好吗?我可想吃妈妈做的蛋糕了……"妈妈说:"妈妈现在太忙了,自己去超市买一点吃吧,好吗?"我说:"才不呢,我就爱吃妈妈做的蛋糕,妈妈做的和买的不一样!""有什么不一样呢?""太不一样了!"

嘴甜的我,缠着妈妈说:"妈妈做的蛋糕没有添加剂,安全,还有蛋糕里呀有'妈妈的爱'的味道,嘻嘻!"妈妈听了我的话,笑着说:"我的女儿呀,就是天生的伶牙俐齿,好,好,我要给我的宝贝女儿啊做一个最好吃的大蛋糕。"谢谢妈妈,等妈妈将来老了,我也要给妈妈做蛋糕,要做一个充满"女儿的爱"的蛋糕。

我的感悟:

妈妈做的蛋糕特香、特甜、特好吃,蛋糕里面成份最多的就是"妈妈的爱",小朋友们,你们也要多吃一点妈妈做的饭哟!

第一百六十三个故事

我养的蚕宝宝

前两天,阿姨问妈妈养不养桑蚕,妈妈有些犹豫,没有很快答应,我马上说:"阿姨,要、要,我养着,就让妈妈养她的孙子吧!我来照顾蚕宝宝!"

第二天,阿姨真的给我送来了二十四只蚕宝宝,还带了点桑叶。这就是桑叶呀?我拿着桑叶仔细的看着,我更是第一次看见桑蚕,他们还在爬呢!我拿了一只,举起来,上下左右的看了半天,妈妈问:"不怕吗?""怕什么,我喜欢还来不及呢,妈妈我可要拜托你,我白天去上学了,你可不要只管你的孙子,还有我的蚕宝宝的也费心照顾一下啊!"我一个热烈地吻,把妈妈吻的啥话也没有说,哈哈,妈妈只能同意喽!

今天我放学回家,第一件事看看小侄儿,第二件事就是我的蚕宝宝,我要给他们换新鲜的桑叶,还要喂他们水喝,这些蚕宝宝啊,吃饱喝足了,就扬起它们的小脑袋使劲地晃啊晃……可爱极了,妈妈说:养蚕宝宝最重要的是学会观察,观察时还要做观察记录呢。行,我都记着呢!妈妈给我讲了从蚕宝宝到蛹然后到蝶的过程,还讲了"破茧成蝶"、"作茧自缚"的成语故事呢,我想,我一定要把蚕、蛹、蝶的过程都记下来,还要有照片记录呢!

在养蚕宝宝的过程中,我懂得了好多的知识,我越来越喜爱我的蚕宝宝了。你们看，阿姨送来还不到两周呢，这二十四只蚕宝宝长的多胖乎乎，吃的多带劲啊！我的蚕宝宝，可爱的小生灵们，快快加油吐丝吧！

我的感悟：

把蚕宝宝养大是个很漫长的过程呢，我每天都精心的照顾它们，还真是有点累呢！想想妈妈从我出生就开始照顾我，肯定更累吧，我终于理解妈妈了。现在妈妈还要照顾小侄儿，我一定要帮妈妈多做事情，让妈妈不再那么累了。嘻嘻，感觉自己长大了呢！

快来瞧瞧，这就是我养的蚕宝宝们，看它们白白胖胖的多可爱呀！它们长大了就会吐出细细的蚕丝，可以用来制作漂亮的衣服呢！怎么样，你们喜欢吧？

和我同龄的梧桐树

在我刚刚住到妈妈肚子里的时候，妈妈在幼儿园的院内种下了一棵梧桐树。妈妈说："栽下梧桐树，自有凤凰来。"所以我就出生了。哈哈，原来在妈妈心里，我就是这棵梧桐树招来的小凤凰啊。妈妈还说，它是我的幸运树，因为这颗树和我同龄，会伴随我一起长大。懵懂的我不知道这里寓意着什么，我只知道这棵树长得特别快，可比我快多了。记得我小时候，还给它浇过水呢！那时它还是颗小树苗，我站在它旁边照相的时候，一点也不显得我小。可随着我长大了，小树也长成大树了，从树干的碗口粗到现在已经有盆口粗了。现在啊，我都抱不过来了，呵呵。我特别喜欢这颗梧桐树，我和它的合影最多！我喜欢这棵和我同龄的梧桐树，因为它是我长大的见证！

没有什么比同龄更值得怀念的，因为人类是感情动物！嘻嘻，大道理……

我在和梧桐树比高低呢!夏天的时候,我就到树下乘凉。这棵树也是我的小伙伴哦!我们要爱护身边的每一棵树,不折枝芽,不采树叶,因为有它们我们的环境才会变好,生活才会更美。

第一百六十四个故事 和我同龄的梧桐树

马术夏令营

哈哈！我参加马术夏令营啦！一共是五天四晚的时间，睡觉是房车、休息是帐篷，有陪护教练，不让家长跟着。听起来是不是很有意思啊！妈妈问我去不去参加，我说："我去，我最爱骑马了，你们放心吧！"要知道骑马可是我最爱的运动啊，能有这样的机会，真是求之不得啊。不过妈妈听说我们夏令营可艰苦了，她还是有点不放心，我刚到训练基地，妈妈就打电话来了。我说，我们正在扎帐篷，没时间和你说话，我就把电话放了。我一定要学会独立，让妈妈知道我自己是很勇敢的，很坚强的，不再让妈妈替我担心。其实训练营真的可好了，教练也特别好，最好的当然就是马了。我们第一课学的是"马语"，就是和马交流的语言。马可喜欢和人交流了，我们有的时候一说马语，马就真的听话呢！太神奇了！马是我们人类的朋友，我们要爱护马，就像爱我们的家人一样。我们还学习了怎么上马、下马和怎样驯马呢。最后教练又教我们怎样骑马，好多好多的课程呢。我们每天要早早起来，和马抚摸、骑马兜圈、飞鞭快马还有快马跳跃呢！学习骑马胆子小的还真有点危险呢，因为在马上还是有点不安全，可我们的陪护教练特别好，随时都在保护我们，有教练在我们就安全多了。现在我可以稳稳当当的骑马了，马可听我的话了，从来不马失前蹄呵呵，厉害吧！

夏令营结束了,我还真的有点不舍得,我还没有玩够呢。我喜欢睡房车,喜欢教练,喜欢大家骑马比赛的样子……多威风啊!

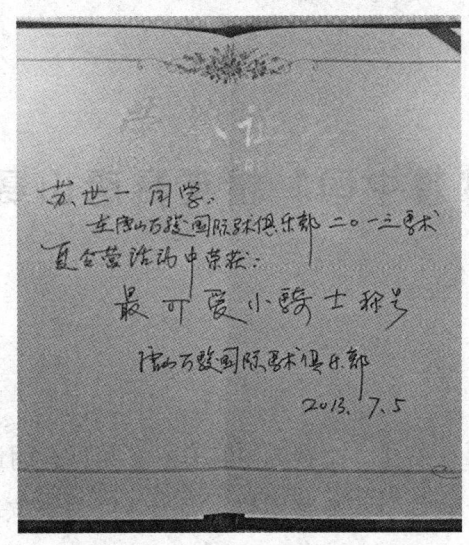

学会独立,尝试锻炼,就像小树一样,长得更高更壮!练习骑马,不仅磨练了我的意志,还丰富了我的知识,开阔了我的视野。

第一百六十六个故事

"梦想中国"精英赛唐山赛(一)预赛

亲爱的小朋友们,你们知道吗?"梦想中国"精英赛唐山赛区开始比赛了,比赛的内容有好多呢!有朗诵,有跳舞、有声乐,还有演讲呢,这些呀,我都不怕,因为我以前都练习过呢!妈妈问我:"我们参加比赛吗?""参加呀!"我兴奋地说,这么大的舞台,怎么会没有我呢,我可是为舞台而生的呀!我还精心准备了唱歌的节目呢,妈妈还给我穿上了新买的裙子。在比赛的时候,观众特别的多,现场非常热闹。嘻嘻,我可高兴了,一点也不紧张。我把参赛歌曲发挥地特别好,现场观众都给了我热烈的掌声。妈妈说,虽然我表现得很出色,可是不能骄傲啊,我们还要再准备准备,迎接最后的唐山赛区复赛。小伙伴们,一起为我加油吧!

你们看到了吗?,这个照片上的小女孩就是我,是在唐山绿洲水上乐园参加的"梦想中国"精英赛少儿组预赛时的照片。

第一百六十七个故事

"梦想中国"精英赛唐山赛(二)复赛

妈妈说:"复赛就是挑选比赛成绩比较好的小朋友再在一起比赛,看谁的实力最强,谁的成绩最好啊……"我把手高高举过头顶,喊道:"我的成绩最好!"妈妈抿着嘴笑着说:"我的女儿啊成绩一定是最好的……"复赛那天,我的眼睛瞪得大大的,听老师讲话特别认真,也都好好记着。比赛开始了,看到台下那么多观众,我一点也不紧张。随着悠扬的伴奏想起,我跟着节奏轻轻摇摆。我刚一开口,台下就想起了热烈的掌声。看到大家如此喜欢我,我内心小小的窃喜。不过不能骄傲,为了能给更多的人唱歌,我一定还要继续努力。在大家的喝彩声中,我结束了我的演唱。大方的向评委致谢,向台下观众观众致谢。

妈妈说,我这次表现得十分出色,我在台上的表现力和感染力也越来越棒了。复赛成绩一周后在《唐山电视报》上登出来了,我榜上有名。妈妈说:"得第几名其实并不重要,重在参与,从中得到锻炼。""我知道了。"可我自己心里想着,下一次我一定努力,争取拿第一名。

成长 的礼物

请看,这就是我在"梦想中国"精英赛少儿组的复赛现场。别看这么大的舞台,我可是一点都不紧张,每个节目都表演的十分出色!

我的感悟:

参加比赛多了,就特别喜欢比赛,比赛重要的不是结果,而是从中得到锻炼。不过,能得第一也一直是我的梦想。

(女儿篇)

第八章　七岁时的故事

QI SUI SHI DE GU SHI

第一百六十八个故事

我是小学生啦

（女儿篇）

今天，是我上小学报到的日子，我心里可高兴啦！半夜里醒了好几次，怎么也睡不着觉。我两次问妈妈几点了，一次是一点十分，一次是三点。于是妈妈给我上了五点半的闹钟，我这才放心地睡着了。闹钟一响，我立刻就爬起来了，穿好衣服，自己背好了书包。妈妈想帮我，我说是自己的事，不用妈妈管，这也是幼儿园老师教育我们的。哈哈，一切都收拾好了，妈妈要骑自行车去送我，可是天上却下起雨来了，这可怎么办呢？这时，爸爸说："我也期待享受开学第一天送你的幸福滋味，所以你就给我个机会吧，妈妈明天送你。"我点点头，高兴地背起书包，和妈妈再见，钻进了爸爸的汽车里，向学校进发。

到了胥各庄小学，我对班主任老师说："老师您好，我是您们班的苏世一。"老师愉快地和我打着招呼，来到班里面，嘻嘻，和幼儿园的教室不太一样呢，更宽敞，更明亮。上课了，我们大家首先做了自我介绍，我是第一个要求做自我介绍的小朋友，老师直夸我勇敢呢！做完介绍，老师给我们上了开学第一课，我听得十分认真，嘻嘻，我可是成了一名爱学习的小学生了呢！放学后，我自豪地告诉认识我的人："我上一年级了，刚刚去和老师会面了。"呵呵，在我心里，这是很重要很神圣的事，因为我正式走进了新世界。

我的感悟：

我今天正式成了一名小学生，不再是小朋友了。以后要认真学习文化知识，做一名优秀的小学生！

第一百六十九个故事

妈妈寄语

（女儿篇）

穿越时间的流沙，恍惚间已走过七年的岁月，你从那个呀呀学语的小不点儿，转眼间已踏入学校的大门，成为一名小学生了。亲爱的女儿，角色的转换意味着你的任务与以前不同了。从今天起，你将拿到打开知识大门的金钥匙，在知识的海洋里自由地遨游。你要用眼睛去探索这个世界；用你聪明的大脑去思考；用你灵巧的双手去编织童年彩色的梦。在你成长的道路上会发生许许多多的事情，你要学会勇敢的面对，爸爸妈妈会在你身边支持你，鼓励你，老师将会给你安上理想的翅膀教会你怎样去翱翔。

亲爱的女儿，爸爸妈妈希望你知道，我们的生活并不总是一帆风顺的，会遇到大风大浪，会遇到挫折困难，但你要学会对自己说：我是最棒的，我不会放弃！孩子，爸爸妈妈相信你，我们会为你每一次努力而加油呐喊；为你每一次小小的成功而喝彩助威，因为你是我们的骄傲，相信你一定会插上理想的翅膀，在新的世界自由的翱翔。

第一百六十九个故事　妈妈寄语

我的感悟：

感谢妈妈为我做的一切，我已经长大了，我会永远记得我背起书包成为小学生的这一天。

第一百七十个故事

我给妈妈拔针头

妈妈这几天病了，一直在输液，看着妈妈不舒服的样子，我很难过，不知道怎样做才能让妈妈高兴。这时候的我突然长大了，懂事多了，问妈妈喝水吗？还痛吗？有没有舒服一点呀？今天，妈妈快输完液的时候叫我了。让我给她拔针头，我可不敢，万一拔错了，妈妈死了怎么办？我就没有妈妈了，也没人照顾小宝宝了。妈妈说没事，这是给你锻炼的机会，妈妈相信你，你一定可以做到了，不然妈妈会疼的。我点点头，心里还是怯怯的，我小心翼翼的撕开胶带，咬了咬牙很麻利的拔出针，又学着大夫的样子给妈妈摁住了针眼，心里面长出了一口气。还好妈妈没事，想想还有点害怕呢。用带泪的大眼睛看着妈妈，心里一边是心疼妈妈，一边也有点小成功的喜悦，没有想到，我能拔针头了。

拔完针头，问妈妈，痛吗？妈妈说一点都不痛，孩子的锻炼就在生活的方方面面，她心里高兴着呢！我可爱的妈妈呀……

第一百七十一个故事
DI YI BAI QI SHI YI GE GU SHI

我的粉丝

我每天放学写完作业才回家,妈妈接晚了我还可以在大操场上玩儿。其实我喜欢在大操场上玩耍,小学校园的操场比幼儿园的大很多,我喜欢这自由自在的感觉。我喜欢在操场上唱歌,喜欢在操场上跳舞,更喜欢在操场上演说。仿佛操场就是一个巨大的舞台,而我享受站在舞台上的每一分钟。嘻嘻,谢谢我的老师如此的赏识我,爱护我,让我爱上这个学校,爱上这里的一切。

今天早上上学的时候,校门口有个女孩儿在哭,看起来这是个不喜欢上学的小伙伴呀,嘻嘻,为什么不喜欢上学呢?上学多好啊,我要告诉她让她爱上学校,爱上上学。于是我主动上前牵起她的手,陪她说说笑笑地融入了入学的队伍。现在我们成了好朋友呢,放学后我们一起写作业,还一起去操场上玩,我给她表演节目,而她也成了我的忠实粉丝呢!

我喜欢学校,我爱学习,我也爱舞台,我要用我的热情,我的爱心去感染身边的每一个人,嘻嘻,让他们都成为我的粉丝哦!

成长 的礼物

在操场上奔跑的我是不是充满了活力呀,看我灿烂的笑容是不是把你的心都融化了呀!

第一百七十二个故事

一分耕耘一分收获

上一年级之前,我的功课很差,做数学题还要数手指呢。开学后,妈妈每天都陪我做题,帮我辅导,还让我不要粗心,做完题要认真检查。今天又要考试了,因为妈妈给我辅导很多天的功课了,我对自己很有信心。拿到试卷后,我先从头到尾看了一遍,还好,妈妈辅导的时候都差不多教过我,应该没有问题的,然后就认真地做起来。离交卷还有五分钟的时候,老师说检查一下,我又从头数着手指头认真检查了一遍,把有错的改过来了。成绩出来了,我得了一百分,哈哈,平时学习好的同学都没得一百分呢,老师还奖励了我一张奖状。我拿着奖状无比兴奋地回到家里,也许妈妈没想到我可以拿到奖状呢,都笑地合不拢嘴。妈妈表扬我说:"不管做什么都要认真,马虎不得。你把我平时教导你的都记在了心里,这很好,以后还要继续努力啊!"这一张奖状也有妈妈的功劳啊。我左瞧右瞧,说以后还要得很多的奖状,给妈妈争光。妈妈告诉我,一分耕耘一分收获,要努力、刻苦,付出就有回报。

不管做什么都要认真,付出就有回报。我以后还要得更多的奖状给妈妈看。

第一百七十三个故事

新春联欢会

今年的晚会我十分兴奋,因为我又有了一首自己的原创歌曲《烛光谣》,一首献给老师们的歌。老师是我们人生的指路的灯,是辛勤的园丁,在自己的岗位上每天都在默默无闻的付出。去年教师节的时候,我们小朋友给老师们朗诵诗歌,把对老师的爱都说出来;我们亲手写给老师卡片,把对老师的爱都写出来。我对妈妈说:"我想把我对老师的爱大声唱出来,用我自己的感情。"于是就有了这首《烛光谣》。"老师啊,是幸福的烛光,默默奉献伴我成长。烛光亮,照学堂,丝丝温暖我的心房……"在这里,我对所有老师们说声:"您辛苦了!"

老师是我们人生路上的指明灯,是我们理想远洋的帆。我们一年一年在进步,老师们一年一年在老去,他们是用青春为我们谱写美好的人生。我们要尊敬自己的老师,勿忘师恩!

第一百七十四个故事

最好的奖励

连续一个星期了,我每天都坚持练习10以内的计算题,写拼音等,每次写完我都问妈妈:"妈妈!我写好了,你给我什么奖励呀?"妈妈每次都会给我大大的一个拥抱或亲我一下。昨天我写完了作业,又问妈妈给什么奖励?能不能给点别的什么?其实,我想让妈妈给我买点什么东西呢!妈妈没有马上回答我,而是思考了一会,对我说:"女儿!你还记得吗?你小时候非常爱去淘气堡玩,每次都玩得大汗淋漓,妈妈在一旁静静地等你;你喜欢在公园里骑马,一骑就不下来,换着骑来骑去把公园里的玩具马都骑遍了。妈妈在一旁静静地等你;你喜欢旅游,在山上玩得不亦乐乎,妈妈顶着烈日在一旁静静地等你;你喜欢跆拳道、喜欢游泳、喜欢乒乓球……妈妈在一旁静静地等你。女儿!你知道吗?当你在淘气堡玩得大汗淋漓的时候,别人的孩子正端坐在教室里背唐诗;当你骑马骑得不亦乐乎时,别人的孩子正伏在课桌上写作业;当你旅游几天不想回家的时候,别人的孩子重复着家到学校的单调路线。你的童年是快乐自由的,妈妈为你拥有这样的童年而深感自豪!然而,你知道吗?你哥哥和别人家的孩子一样,没有快乐的童年。他们只有学习和单调地生活……"妈妈还在讲着,我一下就紧紧地抱住了妈妈,我哽咽着说:"妈妈!别说了,这是我最好的奖励!"

成长 的礼物

我的感悟：

妈妈给我的快乐的童年是对我最好的奖励，我感谢妈妈对我的特别的爱。

（女儿篇）

第一百七十五个故事

王琨老师：点燃我演说家梦想的人

这是个令我激动的特别日子，著名演说家、青少年教育专家王琨老师来到丰南，为2000多名学生和家长进行了以"做智慧父母，培养优秀学生"为主题的大型公益演讲。演讲开始前，王琨老师首先做了自我介绍，他说："大家好，我是王琨，很多年前我就有一个梦想，那就是要成功。这个梦我一直做了十年，十年来我一共做过十几种不同的行业，尝尽了酸甜苦辣，但更多的是收获。17岁我接触了伟大的培训行业，并决定要进入培训行业帮助更多的人，把我这十年来的所学、所感、所悟的一些有效实战的方法毫无保留地分享给大家，并给自己设定了人生目标：成为亚洲第二名演说家，第一名永远留给别人！成为全球排名第三的演说家，前两名永远留给别人！大气又不失谦卑！豪迈又不失激情！慈善方面给自己设立了要累积捐款1001所希望小学，人生一共捐款11亿人民币，帮助1000万大学生找到自信和人生方向，帮助2000万推销员获得高超的销售知识和能力，帮助500万位企业家实现超速盈利，人生要演讲10001场、死后不给儿女留下任何家产的宏伟目标。请大家监

督、支持和见证！"

　　王琨老师的演讲生动活泼，有故事启迪、案例剖析、游戏感悟、分享体验，我听得可认真了。"如果你是自信的，请举手。"王琨的话音刚落，我马上高高举起自己的手。王琨将我请上了演讲台，我可真兴奋啊！当我精神抖擞地走上演讲台时，现场响起了热烈掌声，大家都夸我是个有自信心的孩子！

　　王琨老师是那样大气，那样自信，深深吸引了我，此刻，一种想当一名演说家的梦想在我的心头被点燃了，我要当一名演说家，一名超级演说家，鼓舞和激励更多的人们去拼搏奋斗，实现自己的理想！

我的感悟……

第一次见到王琨老师，我就被他深深吸引。也许我还小，但是我坚信演说就是我以后要走的路，妈妈，希望你会一如既往的支持我！

第一百七十六个故事

我坚定了当演说家的梦想

今天下午我去听王琨老师关于口练的课程,精彩的培训让我陶醉,整整三个多小时我都没动地方,听得认真极了。到了上台互动环节,我第一个走上讲台,对王琨老师说,我要报名学习演讲,拜王琨老师为师!没想到王琨老师愉快地答应了我!我非常佩服王琨老师,他是全球五百强华人讲师、北京慧宇教育集团创始人,一代天娇青少年口才训练营总教练。我是现场唯一的小学员,我的表现得到了王琨老师的夸奖。今天的学习更坚定了我以后要做演讲家的梦想!

这之后,妈妈带着我跟随王琨到演讲现场参加学习,如北京、天津、广州、上海等地,看到王琨老师每到一处都受到热烈欢迎,我当演说家的志向更坚定了,学习演讲的劲头更足了!

哈哈!王琨老师收我为徒了!还有比这个更让我兴奋的事情么!有爱我支持我的妈妈,有欣赏我指导我的老师,谢谢你们让我的梦想之路越走越宽阔了!

第一百七十七个故事

我的梦想

清晨一轮朝霞刚刚升起,我睁开惺忪的眼睛,心情格外的好,我一脸神秘的告诉妈妈:早晨我又做了一个梦,梦见自己坐着大飞机,呜的一下,飞到国外去了。那里有许多金发碧眼的小朋友,瞪着大眼睛听我演说呢。我讲的是《小马过河》这个故事,小朋友们可爱听了……做一个演说家,已经成了我的理想。但妈妈说实现理想却是一个艰难地过程。妈妈还告诉我:"人一定要有理想,并要制定一个实现理想的计划。从现在开始,就要一步步的去实现它。现在年龄还小,学习是最重要的,当一个演说家不是任何人都能当成的。世界上有很多的演说家他们都有远大的理想和抱负,这需要有渊博的学识。功夫在诗外,只有多学习多经历,才能说的有理有据,才能说的有情趣,人们才喜欢听。"我坐在妈妈身边,听得非常认真,还不时的点着头。我告诉妈妈说:"王琨老师也说了,丰富的知识是当好一个演说家的基础。我一定好好上学,学好多的知识。业余时间我还要参加各种活动,让自己懂得更多的事情,为我将来当一个周游世界的演说家做准备。"

我的感悟:

为了我的梦想,我会不懈努力的。

第一百七十八个故事

妈妈我喜欢上台演讲

今天我太高兴了,妈妈又带着我听了一天的我最爱听的王琨老师的课,晚上六点多才回到家的。我就是喜欢王琨老师讲课,喜欢老师在台上自信地演说,喜欢老师带给人们的欢乐,喜欢老师带给人们的思考,喜欢老师在台上惟我独尊的气势。哈哈,反正我也说不清楚,反正就是特别喜欢上王琨老师的课。妈妈你知道吗?每次互动,只要王琨老师一说,谁愿意走向前台,全场那些人,还有那些个成功人士呢,可每次我都是第一个把手高高地举起,王琨老师也总是请我上台。你说,多好啊。在分享感想的时候,王琨老师问我为什么这么积极。我说:"我喜欢演讲,上次我已经报名了,我想让自己多锻炼,这次还想报名,我喜欢王琨老师。"王老师听了可高兴了。妈妈,王老师在现场做试范的时候,我就跟着他学习,老师说,我做得最认真、最棒了!

成长 的礼物

你们看,这就是我和王琨老师现场学习的照片,对了,哪个是我呀?就是那个梳着辫子的小女孩,看!我比划着多带劲。啊,哈哈……

我的感悟:

做自己喜欢的事情就是事半功倍,成功的概率也会非常高!哈哈……告诉你们吧,这是王老师说的,嘻嘻……

(女儿篇)

第一百七十九个故事

妈妈的培养

亲爱的小朋友们,你们知道吗?我最感到幸福的是什么,就是有一个好妈妈呀!妈妈在《女儿的成长日记》里有这样几句话,现在分享给大家:"给孩子最好的礼物是榜样!给孩子食物只会让孩子成为大人,给孩子观念会让孩子成为伟人!我们不可以陪伴孩子一辈子,但观念可以陪伴孩子一辈子。"这不知道是妈妈写的还是别人写的,但我是在妈妈的日记里看到的,学到的。妈妈为了实现我想当主持人的梦想,带着我到全国各处去听课学习呢。我最爱听的当然还是王琨老师的,妈妈也说王老师讲得好,哈哈……妈妈还给我报了王老师的演讲培训课程《一代天骄·青少年领袖特训营》。一代天骄?我现在还说不明白,但我知道这是能让我在舞台上神采飞扬的培训,那我就喜欢,快来啊~~一代天骄!

我的感悟:

妈妈对我的培养是我最喜欢的,因为,将来我长大了,我想当像王琨老师那样的演说家。王老师说:"苏世一有这样的天赋!"我知道我准行……呵呵……你们等着吧!

第一百八十个故事
DI YI BAI BA SHI GE GU SHI

我的自信

王琨老师在上课的时候，给我们出了"自信"的演讲，让每个人都要到台上去讲，我还是第一个举手上台的，我还没有讲，刚上台，大人们就在台下大声地鼓掌，嘿嘿，我还没讲呢……

我是这样说的：我的自信是妈妈、爸爸给的。我特别小的时候，我上了早教中心，还有毕业证书呢！我妈妈是幼儿园长，我是妈妈的小尾巴，妈妈到哪我到哪。我胆子大着呢，看到客人都是妈妈让我说什么我就说什么，从来没有哭过。呵呵，就是不愿意上幼儿园。后来，我当了我家的新幼儿园园长了才去的，要是再不去，妈妈说怕别人笑话妈妈、也笑话我呢！我还和妈妈去听演讲课，还有到过好多地方旅游呢，对了还做了大飞机呢，我一点也不害怕。妈妈说："世一最棒了！"我最喜欢舞台，看到什么样的舞台我都想上去表演，我想表演所有的节目给大家看，因为我觉得我的表演是最棒的。我最喜欢的就是演说了，因为这样我才能把我内心的想法说出来，让大家认识我，喜欢上我！妈妈问我，长大了世一最愿意做什么呀，我说当然是当演说家呀！这是我最大的梦想！

我的感悟：

登台的次数多了，一点不害怕，想说什么就说什么，妈妈说，这叫自信！

第一百八十一个故事

《妈妈的鼓励是腾飞的翅膀》

亲爱的老师、叔叔、阿姨和小朋友们：

大家好！我叫苏世一，今年 7 岁了，是河北省唐山市丰南区胥各庄小学一年级的小学生。今天，我演讲的题目叫《妈妈的鼓励是我腾飞的翅膀》。我有一个好妈妈，她叫王芳，她自己办了两个幼儿园，她可喜欢孩子了，幼儿园的小朋友要是想他们的妈妈时，只要妈妈抱过来，就肯定不哭了，可乖了。妈妈可不是我一个人的妈妈，她是幼儿园所有小朋友的妈妈，在幼儿园的时候我还和他们争妈妈呢！我从小是在妈妈的教育下成长起来的。在我很小的时候，她就在东方爱婴早教中心给我报了名，给我买好多的玩具，买了特别多的书，给我讲很多很多的故事。妈妈说，书是用来读的，不是用来摆着玩的。妈妈还带着我到祖国各地去旅游，我去过北京、祖山、山海关、大连、海南等等好多的地方呢！妈妈说："读万卷书，不如行万里路"。登八达岭长城时，特别累，我都走不动了，是妈妈和阿姨轮流着背着我上去的，我还在"不

到长城非好汉"那照相了呢。妈妈说:"无论干什么事遇到困难了,就要咬牙坚持,不能半途而废。"是的,我的性格活波好动,爱唱歌跳舞,尤其是不怕人多,爱讲话,妈妈说我是个天生的"人来疯"。我主持了幼儿园的联欢会、运动会,妈妈和老师都夸我是个播音主持的好料子。特别是我成了王琨老师的学生后,我更喜欢演讲了。每天晚上,我都要拿着一个自制的小话筒给爸爸、妈妈讲上一段,我的演讲水平在王老师的指导下也越来越有提升了。妈妈说:"我们世一喜欢演讲,只要努力,长大了一定能成为一个优秀的演说家。妈妈还说,航天英雄杨利伟小时候和他妈妈也说过,他有一个飞上太空的梦想,他妈妈就说:"儿子,你一定会飞上太空,但你记住,千万要回来,因为妈妈在地球上等你。"妈妈,我知道,盼子成才是每一个妈妈的心愿,但是每个成才孩子的背后,一定会有一个更优秀的好妈妈,一定有您们的支持和鼓励,因为你们的支持和鼓励,才是每个孩子实现梦想、起航腾飞的翅膀啊!妈妈,我亲爱的好妈妈,您对我寄予了很多的期望,从小我无论干什么事情,您都是寄予我最大的支持和鼓励,哪怕是我做错了什么,你也总是从好的方面多鼓励我,然后再给予说服。妈妈您放心吧,您的栽培一定会有丰硕的成果。我一定向航天英雄杨利伟叔叔学习,不怕风雨跋涉、敢挺千难万险,为了心中的梦想,展翅翱翔!谢谢大家!

  这是我在王琨老师现场授课时的演讲练习,王老师听了我的演讲,给予的评价只有八个字:"激情四射、情真意切"。妈妈和我拥抱时说:"真棒!"

我的感悟:

世界上每个孩子都是独一无二的,父母一定要学会欣赏、鼓励自己的孩子,因为孩子们的未来成功与否,缘于父母第一任老师的引领。

第一百八十二个故事
DI YI BAI BA SHI ER GE GU SHI

帮助有困难的小姐妹

2014年，新年的第一天，我没有到奶奶家、姥姥家去拜年，而是和我的爸爸、妈妈和一些叔叔、阿姨们，一起到贫困女童家去慰问了！妈妈说这叫"关爱贫困女童"，要让好多好多的女孩子过上幸福快乐的生活，就和我一样！

因为天气特别冷，妈妈说不要让我去了。但是我不同意，"妈妈，我想帮助别人，我的爱心是火热的，所以不怕冷呢！"妈妈说："世一最勇敢，最有爱心是吗？"我不好意思的说："向妈妈爸爸和叔叔阿姨们学习。"大家都笑了，说世一真是个懂事有爱心的好孩子啊。天气虽然很冷，但是这样能够帮助别人，多冷都不怕了。终于到达目的地，妈妈说有五个家庭需要我们的帮助。我跟随着大家来到第一个小姐姐家。小姐姐比我大了还没有上学，因为小姐姐爸爸不能干活，家里没有收入，小姐姐没有钱交学费，只能每天去田里帮忙做农活。我问姐姐想去上学吗？姐姐点点头哭了。我和妈妈说："等大家开学了，帮助小姐姐去上学好么？"妈妈点点头说："这次来就是帮助大家的，放心吧，一定帮小姐姐完成上学的心愿。"我递给姐姐一个书包，里边还有我给姐姐准备的文具，希望小姐姐能够背着它走进学校，好好学习知识。

离开了小姐姐家我们又来到一个小妹妹家，小妹妹家里什么都没有。

听大人说,妹妹从很小的时候就生病了,家里的钱都拿去给妹妹治病了。现在妹妹也到上学的年龄了,但身体还是不好,家里也没有钱给妹妹读书了。妹妹穿的衣服不好看而且都破了,妈妈给妹妹准备了一件新衣服,妹妹穿上后就舍不得脱下来了,看着妹妹这个样子,我心里好难过。偷偷拽了下妈妈的衣服,妈妈似乎知道我要说什么,对我点点头说:"放心吧,妈妈知道你在想什么,我们一起来帮助妹妹好不好?""嗯。"我点点头,"妈妈,你用我过年的压岁钱再给妹妹买件衣服吧。我想让妹妹上学的时候穿的漂亮一点。"

已经很慰问了很多姐姐妹妹们了,大家都很累了。妈妈怕我累坏了,和我商量,想让我不用去了,到车里去休息。不,我断然的拒绝了。因为,我想和这些小伙伴们见面,我要让她们知道,有一个关爱她们的朋友在支持着她们。困难是暂时的,我一定会全力以赴的和她们在一起克服一切困难,迎接美好的明天。我坚持着跟随着大人给好多小朋友的家里送去了米、油还有衣服和吃的。虽然天气很冷,又有点累,但是看到小姐妹们脸上的笑容,觉得心里暖洋洋的。

想到那些不能去上学的小姐妹们,心里酸酸的。我们能坐在宽敞明亮的教室里上课,真的是很幸福的一件事情,大家要好好珍惜呀!

第一百八十三个故事

我的选择

妈妈让我在我的爱好中选两项我最喜欢的,而其他的都要作为一般爱好,我想都没想就说:"唱歌、主持"。妈妈又说:"学唱歌太费钱了,一首歌词曲加制作就要几万块呢!"我问妈妈是不是舍不得了。妈妈说:"只要女儿喜欢,妈妈就舍得。"我说:"妈妈为我舍得,等我长大了也为妈妈舍得。"妈妈说,我说的有道理,因为,你想让别人怎么对待你,你就怎么对待别人,父母子女也不例外。

我的感悟:

妈妈让我选择,是对我的激励。妈妈从来也不怕我花钱,她为我无私的付出。等我长大了,为妈妈,我也不怕花钱!

第一百八十四个故事

参加"一代天骄·青少年领袖特训营"

2014年1月19号,是我终生难忘的一天,这一天我参加了"一代天骄·青少年领袖训练营",我开始了这四天精彩的生活。早起,我和周围的伙伴们都学会了把被子叠成豆腐块,如何放洗漱用品,如何放自己的衣服,从此我养成了这种好习惯。上午,王琨老师为我们放了一段约翰库提斯演讲视频,约翰库提斯虽然没有腿却依然可以生活、可以用手走路、可以演讲。他说:"不管你觉得自己多么不幸,这个世界总会有人比你更加不幸;不管你觉得你自己多么了不起,这个世界总有人比你更加了不起。"我们觉得特别的震撼。当我们看到力克胡哲说,没手没脚没烦恼时,我又一次被深深震撼到!原来世界上还有这么多不幸的人,我能正常的走路,

对于他们来说可能都是一个永远不能实现的愿望,他们都可以那么坚强,那么乐观幽默、坚毅不屈,还去鼓励身边的人。他们用自己的亲身经历,激励和影响了全世界的人,帮人们走出低谷,看到希望。王琨老师说过:这个世界上赚钱的行业有很多,但是没有一种行业比改变别人的命运和帮助别人更有意义!我突然对演说家这个行业有了更

深的理解。演说家就是一个能医治人类灵魂的医生。观看完视频,是自我介绍环节。每个人上台的第一件事就是要做自我介绍,我自信的走上讲台,声音洪亮、富有感情地做了自我介绍,王琨老师和助教们纷纷竖起了大拇指。在这四天里,我还精心准备好演讲稿,进行了一分钟的演讲。即使有些词没有听说过,不知道什么意思,甚至都不认识,但是我敢说,敢讲,敢上台。王琨老师说这就是进步,相信未来的一天,不管遇到什么我都会往前冲!此外,还有"心灵舞者""九宫格"等精心设计的栏目,都尽情展示了自我。

这四天最难忘的晚餐叫做"天堂宴",我们彼此静静对坐着,当王琨老师说"开饭"时,音乐响起来了,我们都拿着勺子,拿着筷子喂着对方。不能说话,只能喂着对方吃,有的喂到脸上,有的喂到鼻子上,有的不爱吃,有的没有吃饱。我忽然们间明白了,喂一顿饭都是那么困难,可是我的爸爸妈妈喂了我不是一顿,不是两顿,而是几千顿,有时候我不爱吃还要哄一下然后才吃一口,然后再哄一下。我们仿佛在瞬间都长大了。我们每个人都给父母写了一封信,当我读信的时候妈妈忍不住流下了激动的热泪!

我的感悟:

王琨老师是我生命中最重要的导师,我从此一步一步走向成熟。谢谢他!

第一百八十五个故事
DI YI BAI BA SHI WU GE GU SHI

演说家的梦想

经过四天紧张而精彩的培训，第一期训练营结束了，100个小伙伴，99个回家了，只有我留了下来。因为我太爱演说了，我要接着参加第二期的培训。妈妈说，我黑了也瘦了，但为了我演说家的梦想，即使付出的再多也值得！王琨老师对我倍加呵护和关心，让我心里暖暖的。如果你要问我我的偶像是谁，我会毫不犹豫地说出王琨老师的名字，这种师生缘分很深，也是我学习的动力。无论有多大的困难，我都会在追梦的路上飞奔、飞奔……第二期训练营的孩子们来报到了，我又认识了新朋友。"儿行千里母担忧"听妈妈说，昨天留下我复训，今天早晨她就口腔溃疡了。中午我用老师的手机给妈妈打电话，问她在干什么，我知道电话那头满是不舍和思念，只是妈妈怕影响我，没有说出来。妈妈您放心吧，我一定会用优异的成绩来回报您！

我的感悟：

八天的课程，让我进步多多，收获多多。我将蓝丝带系在了对我最重要的两个人的手腕上，一个是最宠爱我的爸爸，一个是最赏识我的王琨老师。王老师在全场家长和孩子们面前宣布，一定要把我培养成世界一流的演说家！我们师生的情意也是天定的缘分，我是那么崇拜他，王老师又是那么偏爱我，为我们加油吧！

妈妈给我的爱

在《一代天骄 青少年领袖训练营》闭营典礼上，妈妈用她深深的母爱，给我写了一封信。

"亲爱的女儿：

感谢你选择我做你的妈妈，我很爱你也一直想做个好妈妈。但是，很惭愧，妈妈对你太严厉苛刻，没有让你感觉如别人的妈妈那般的温柔。这次你来学习，是你长这么大我们分别最久的一次。借此机会，我要深刻反思平时对你的教育做法，特别是不好和不足的地方。以前，妈妈总是放大你的缺点，忽视了你懂感恩有大爱等诸多优点，今天妈妈真诚地向你道歉：女儿，对不起！

亲爱的女儿，因为有你，让妈妈的人生更有意义更幸福，你是妈妈的骄傲。希望你时刻以"是王琨老师的弟子"为荣，严格要求自己，努力学习，不断超越自己。妈妈相信，你就是未来一流的演说家、未来的领袖，你是最棒的！亲爱的女儿，我爱你！"

我在台下早已经哭得泣不成声，妈妈也在台上泪流满面。我扑到妈妈怀里失声痛哭起来。

我的感悟：

妈妈，不管是慈爱还是严爱，我知道都你是给我的最好的爱。

第一百八十六个故事　妈妈给我的爱

323

第一百八十七个故事

帮妈妈做家务

我每天都在努力,都在进步,这都源于内心深处的演说家之梦。今天晚上,我对妈妈说:"妈妈,从今天开始我要帮您做家务,我要替您分忧。"就这样,我洗了四个人的袜子,用小肥皂洗得非常仔细,洗完后又换了一遍水,把肥皂沫洗没了。好了,终于干净了,还香香的呢!然后我又到厨房学着妈妈平时的样子刷好了碗筷,刷碗还真是不容易呢!最后我又擦了地板,哎,这个也好累人啊,妈妈每天都要做家务,真是好辛苦啊。我心想着,以后要为妈妈多分担一下。终于忙完了,这下可以好好看一下王琨老师的视频啦,看着视频,我突然想起来训练营的点点滴滴,非常想念训练营的老师和伙伴们,想起了老师跟我们说的要好好孝敬父母,学会照顾别人。于是,我对妈妈说:"妈妈,您放心吧,我会孝顺您的。"妈妈听了,感动的直掉眼泪。王琨老师在我心中有别人不可替代的位置,他给我的能量是别人无法给予的,王琨老师就是我努力的标杆。

我的感悟：

无论将来自己做什么，我都要孝顺父母，多帮他们做家务。

第一百八十七个故事　帮妈妈做家务

我的海南之行

2014年春节期间,妈妈终于答应我去海南旅游,哈哈,终于不用穿厚厚的棉袄喽!我和妈妈跟随旅行团开开心心地来到海南。在这几天里,我了解了一些海南的历史和文化,享受了大海温暖的沙滩,乘摩托艇领略了大海的壮观,我喜欢温暖的阳光,喜欢踩着软软的沙滩,喜欢清澈的大海,还喜欢那高高的椰子树。我和妈妈一起游泳,一起在沙滩上堆沙雕,还一起晒太阳呢!妈妈还带我游玩了迷人的三亚湾夜景、椰田古寨、苗族风情、东山岭潮音寺,这些都是此行最美好的记忆。我一路上都很兴奋,和妈妈说个不停,哈哈,我太喜欢这里了,我下次来的时候一定要让我们一大家子的人都来。嘻嘻!

海南之行很开心,这是我的感受,不仅领略了美丽的风光,更体验着旅行团这个大家庭的温暖。旅行团里一共有34人,其中一个比我大三岁的小姐姐给我留下了深刻印象。因为每次坐车时,我都和她坐在一起。这个小姐姐非常照顾我,经常把好吃的给我,还把她珍藏的小玩具给我玩。我给小姐姐表演节目,还给她演说呢,逗得姐姐哈哈大笑。在去机场的路上,我玩累了,就趴在她的腿上睡着了。因为这个小姐姐,我的旅行更开心了。

第一百八十八个故事　我的海南之行

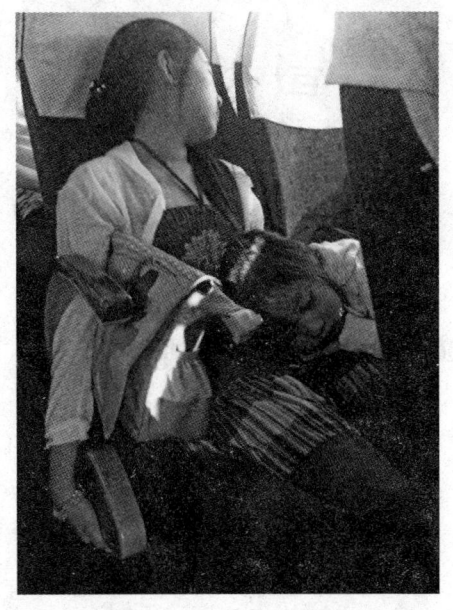

我的感悟：

> 大自然的风光很迷人，人间的情意更温暖。

第一百八十九个故事

DI YI BAI BA SHI JIU GE GU SHI

车站迎接王琨老师

（女儿篇）

今天是2014年4月9日,我早早就起来了,因为我要去车站迎接我心中最重要的人——王琨老师。知道王琨老师要来,昨晚我都兴奋地睡不着觉呢!一路上,我舍不得放下手中的鲜花,怕花会枯萎。嘻嘻,这捧鲜花可是我亲自为王老师挑选的,一路上感觉车开得好慢,妈妈说我是太着急了。哎,是我太着急了吗?我就是想快点见到王老师嘛!终于来到了丰润车站,我目不转睛地盯着出站口。终于盼到火车进站了,看到王琨老师出来了,我跑着迎上前去,把鲜花送给了我尊敬的老师。王老师亲切地跟我说话,还抱着我呢,王老师你也很想念我吧,嘻嘻。我现在一天见不到王琨老师,心里都不踏实,嘿嘿,如果现在有人问我我的理想是什么,我会毫不犹豫的回答:"做一位像王琨老师一样的演说家!"

我的感悟：

尊重老师,要发自心底,把他当作自己心中的标杆,向他看齐。

第一百八十九个故事 车站迎接王琨老师

第一百九十个故事

我生命中最重要的人

今天早晨,我正在吃早点,妈妈问了我一个问题:"宝贝,现在谁是你生命中最重要的人?"我哭了,问妈妈会不会生气,妈妈说无论我说是谁都不会生气。我说是王琨老师。妈妈问我为什么,我说王琨老师可以让我成为演说家。妈妈,感谢您能够理解我!因为梦想的火苗在我的内心越烧越旺,妈妈您放心,我一定不会让您失望的,我一定会用最好的成绩回报您!

妈妈,感谢你理解我,其实,爸爸妈妈和老师一样,都是我生命中最重要的人。

第一百九十一个故事

妈妈的苦心

妈妈说，什么都可以等，只有给孩子的阅历不能等。所以她总是尽可能的带我参加活动，让我走上舞台。妈妈总是和她的朋友们说，我是为舞台而生的，我面对二千人的会场就好像没有人似的，即便面对一万人也不会紧张，非常享受在舞台上的感觉。

她的朋友非常羡慕她有我这样一个优秀的女儿。可是听妈妈说，她也曾接到一些朋友的电话，对这种不上课去参加活动的做法很不理解，认为我要上学，她要工作，放下一切出来参加不必要的活动很不值得。但是妈妈却不这样看，她认为阅历不能等待，要我走出去欣赏大千世界，如果没有丰富的阅历，我就不会那么自信！

我的感悟：

观世界才有世界观！这是妈妈一贯的观点。妈妈的苦心我最懂，她让我从小就有丰富的阅历，让我充满自信地站上舞台，让我从容不迫的面对人生。

第一百九十二个故事

独自完成任务

这些天,妈妈带着我从济南到上海一边观看学习王琨老师的演说,一边带我增加阅历。昨晚,妈妈陪我总结了从济南到上海的整个过程,我们约定,妈妈是今天的旁观者、保护者,我要独自完成从上海回济南的全过程。想想还真有点紧张呢,今天所有的事情都要我独自去完成,呵呵,有点小小旅行家的感觉呢!

八点钟准时出发前,我先仔细检查了一下房间,还好,没有丢东西。然后去大堂里退了押金,这点小事情还是难不倒我的。出发喽!因为就住在地铁站的对面,我很轻松的找到了地铁,我拿着零钱先去买票,然后是检查,在哪检查呢?这可难不倒我,我找到穿制服的阿姨,向她询问路线,她非常耐心的告诉我,还担心我是不是一个人迷路了呢!我告诉她我现在是独自完成任务,请她放心,因为妈妈就在不远处看着我呢!虽然正赶上上班的高峰期,人很多,但我们还是很顺利地上车了。妈妈在车上有些晕车,靠在我的肩上,看起来很难受的样子,我把妈妈搂了过来,不让妈妈离开:"妈妈,你就放心睡吧,到站了我叫你,谢谢你给我爱你的机会。"快到站的时候,我招呼妈妈下车,要不妈妈迷路了怎么办呢?呵呵。一路小跑,终于在开车前十五分钟到了检查口。哎,总算松了口气,终于上车了。在回去的路上,我哼着小曲,喝起了爽歪歪。我今天表现不错吧，是不是有大人的模样呢！嘿嘿，我就是个小大人了！

我的感悟：

我觉得不但能照顾自己，还能照顾妈妈了，自己去旅行也没有问题了呢！不过妈妈还不放心，好吧，那就期待我十岁的独自旅行吧。

第一百九十三个故事

认识阿尔法

阿尔法是从央视星光大道走出来的著名歌手，嘻嘻，也是我的小偶像啊。2014年4月18日，我和妈妈在北京参加一个公益宣传片的拍摄，竟然见到了这个大哥哥，我真的是太兴奋了。阿尔法哥哥长得可真帅气！我非常喜欢他。他亲自指导我录音，从表情到动作，手把手教我，教了我很多的经验，是那么耐心和细致。我在拍摄休息的间隙，一直缠着阿尔法哥哥。他非常的有爱心，一直任由我骑在背上玩耍，真感谢这位大哥哥对我的关爱。在这一天，我过得非常开心，也学到了很多知识。在这里感谢阿尔法哥哥的同时，我更感谢为我提供这次宝贵机会的王琨老师，感谢李总、韩总、嘎嘎老师，感谢所有的叔叔阿姨。

我的感悟：

在通往成功的路上，我离不开所有老师和朋友们的帮助，我要发自内心的对他们说一声："谢谢大家！"

第一百九十四个故事

我沉浸在学习的喜悦中

这几天，我每天上午9：30分背着书包开心地去上课，晚上10：30分快乐地回家。其实，我一点也不觉得累，因为学习的充实，让我忘了身体上的劳累。我接受了舞台表演的专业训练，最让人激动的是我拜见了大名鼎鼎的李凯老师。看看李凯老师，是不是非常有个性啊。李凯老师非常专业，我和他学习，从来不敢分心。嘻嘻，其实我很想偷偷摸一下老师的胡子呢！不过，现在可不行，还是等我学成之后吧！我沉浸在学习的喜悦中，每天晚上我向妈妈汇报一天的收获，我正在为我的未来努力，看到我这么勤奋刻苦，妈妈脸上露出了欣慰的笑容。

今天早上，妈妈让我吃个香蕉再走，我数了一下说不行，我吃了老师们就不够吃了，我得留给老师们，她们比我辛苦。我在外这几天，常想起班主任董老师，迷恋王琨老师，迷恋新认识的这些教我舞台表演的老师们。因为这些老师有发自内心对我的爱，他们不仅教会我知识，更教会了我如何爱别人，更赋予了我自信和快乐！

我不觉得我辛苦，因为我知道老师们为了我更辛苦，我只有好好学习，才能不辜负老师们的一片苦心。

感恩别人

我晚上睡前问妈妈:"妈妈,能做您的女儿,我算不算是幸运的孩子?"妈妈告诉我:"成为母女是前世注定的缘分,幸运的是你每走一步,都有贵人相助,要感恩于生命中每一个贵人。今日滴水之恩,明日涌泉相报!"无论做什么事情,妈妈总是让我怀着一颗感恩的心,我从来都没有忘记妈妈的嘱咐,现在我还小,只能用优异的成绩去报答帮助过我的人。等我长大了,我会做更多的事情,去感恩回报这些人。

要学会感恩别人,滴水之恩,涌泉相报。

第一百九十六个故事

我参加安徽卫视《超级演说家》

2014年4月25日,我参加了安徽卫视《超级演说家》栏目在北京举行的第三次晋级赛。我是唯一一名儿童选手,也是这个栏目自开播以来经过层层选拔,进入此阶段年龄最小的选手。早上临出门,妈妈给我听了王琨老师的留言:"加油世一,你永远是最棒的!"嗯,有了我最敬爱的王琨老师的鼓励,我的信心更足了。在表演过程中,我没有一点怯场。按照王琨老师教导的,思路清晰又不失感情,时而如泉水叮咚,娓娓道来;时而如飞流直下的瀑布,激情豪迈。

著名主持人鲁豫姐姐夸赞我说,这么小就敢上台演讲,而且这么有感情,真棒!香港著名歌星林志颖大哥哥夸我表达能力很强,央视著名主持人李咏叔叔夸我表情丰富,非常富有感染力。通过参加今天的活动,让我更加自信了,更喜爱这个舞台了,我更加自信自己是为这个舞台而生的,我一定能够实现演说家的梦想!(以上导师均为模拟导师)好可惜,妈妈为了锻炼我独立的能力,没有到现场观看我的表演,不过我一定会努力到决赛,让妈妈从电视上看到我精彩的演说!

成长的礼物

我和安徽卫视主持人余清合影,美女姐姐对我非常好,很照顾我的。

（女儿篇）

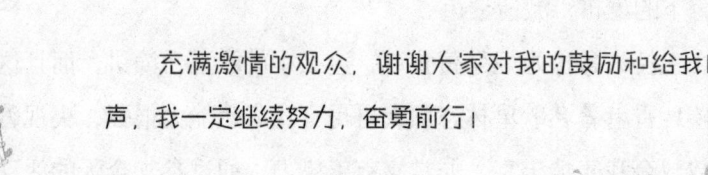

充满激情的观众,谢谢大家对我的鼓励和给我的掌声,我一定继续努力,奋勇前行!

第一百九十六个故事 我参加安徽卫视《超级演说家》

节目现场，经过层层筛选，比赛到最后的环节，就剩我们这些选手在台上了。别看这么多观众，我可是一点都不怯场呢！发挥的非常好。

我的感悟：

妈妈常说，一个人的心有多大，舞台就有多大。在老师们的精心指导下，我正一步一步朝着心中的梦想迈进，成为一个超级演说家！为我加油吧！谢谢爸爸妈妈，谢谢王琨老师和所有的老师，谢谢所有关心和支持我的人们！

第一百九十七个故事

感恩母亲节

今天是母亲节,妈妈在幼儿园里举行了"幸福五月天,感恩母亲节"的活动,为每一位老师的妈妈们送去了祝福和心意。远在北京的嫂子给妈妈捎来了鲜花,我呢,早早给妈妈准备了礼物——新学的一首歌曲《最美的妈妈》。我搬来了椅子,让妈妈坐下,说:"妈妈,今天是母亲节,我希望你以后不要那么辛苦了,要好好照顾自己,做我最美的妈妈。"说完我就唱起来,我心里默默的想:"妈妈,我现在还小,不能帮你做什么。但我一定会努力,给妈妈争光的。"等我唱完,看到妈妈哭了,我走过去,帮妈妈擦干眼泪,甜甜地说:"妈妈,不哭。你是最美的妈妈,哭了就不漂亮了。我还要让你当最幸福的妈妈,每天都逗你开心。"说完我伸出小舌头,做了个鬼脸,把妈妈逗笑了。妈妈,女儿爱您!

我的感悟:妈妈从小就给我讲乌鸦反哺,羊羔跪乳的故事,我把妈妈的爱深深地记在心里。为了我的梦想,妈妈每天都在操劳,付出了很多。我多希望快点长大,这样就能帮妈妈做所有的事情,妈妈就可以好好休息了。

第一百九十八个故事

追逐老师的脚步

昨天妈妈无意中说出王琨老师要去秦皇岛演讲的消息,哈哈,这真是太好了。我都好多天没有见到王琨老师了,所以央求着妈妈带我去秦皇岛找王琨老师,没想到妈妈毫不犹豫就答应了。下车的第一时间,就是去找王老师,妈妈还笑话我是个小黏人,哈哈,不管了,见到老师才是最重要的。我不停地和王老师说话,告诉他我最近发生的事情,告诉他我非常想念他,老师也耐心的听着,时不时的还逗我几句,那种感觉别提有多幸福了。我表演了一段,王老师夸我进步非常大,他还说他一直在关注我《超级演说家》节目的发展,问我有没有信心进决赛,我立刻立正,信心十足的喊道:"我有信心,我会实现自己的理想的。"把大家都逗乐了。刚吃完晚饭回到宾馆,我就迫不及待地问妈妈:"妈妈,明天老师在哪里演说?我可不可以去呢?妈妈,为了我演说家的梦想,我要把学校一周的课程,用一两天的时间学完。好吗?""好的,妈妈答应你。"哈

成长的礼物

哈，真是好妈妈，我真是太开心了。

我的感悟：

王琨老师点燃了我的梦想，他的人格魅力吸引并感染着我，是我学习的楷模。我知道妈妈为了我放弃了很多，我都铭记在心，总有一天女儿会用自己的成绩来报答您!

（女儿篇）

第一百九十九个故事

走火大会

今天我参加了王琨老师组织的走火大会，听说就是光着脚从燃烧的木炭路上走过去，这样能克服恐惧心理，激发人的潜能。到现场之后，我发现比想象中的更难呢，而且要参加的都是成年的叔叔阿姨，小朋友只有我一个。我看到妈妈紧锁的眉头和担忧的目光，我故作轻松地对她说："妈妈你不用担心，我一定可以突破我自己，你就放心吧！相信女儿！"我一直在追寻我的梦想，即使前面有很多的坎坷，我也不能退缩。我看到有叔叔从上边从容的走过去，心里放心了很多。终于轮到我了，我长长地舒了一口气，叔叔阿姨都在一旁给我鼓励，我心里一直想着我的梦想，想象着这就是通向梦想成功的道路，我毫不犹豫地走了过去。就这样一共走了三次，我心里无比激动，我终于超越自己了！我在分享感悟的时候哭了，我说："我没想到我能走三次，如果没有你们的鼓励，我是坚持

成长的礼物

不了的，感谢叔叔阿姨们！"我回头看看妈妈，她也在哭，相信妈妈也是幸福的泪水吧！

我的感悟：

在大家的鼓励和信念的支持下，我克服了恐惧，完成了自我挑战。妈妈说我这么勇敢，连这么高难度的挑战都做了，以后没有什么事情是不可能的。我的脚底虽然被烫出了泡，但我没有和妈妈喊过一句疼，依旧坚持去上舞蹈课。我相信，只要坚持，梦想就会实现的。

（女儿篇）

第二百个故事
DI ER BAI GE GU SHI

我的个人专辑

嘻嘻,在这里我要告诉大家一个好消息!我的首张个人专辑正式推出了!而且是由李凯老师亲自作曲,丁当老师亲自作词的三首歌曲:《云朵》、《最美的妈妈》、《爱心无限》。为了录制歌曲和 MV,我和妈妈冒着酷暑来到北京。看到妈妈为了我不停地操劳和付出,又累瘦了一圈,我的心里百感交集。在北京的日子就是定妆、试装,穿梭于录影棚和宾馆之间,妈妈还笑我是个"小北漂"呢!不过我知道,最辛苦的就是妈妈了,所以每次唱《最美的妈妈》的时候我都会偷偷流泪。我心里也在偷偷的想,感谢妈妈为我付出的一切,我一定会用自己的行动证明给妈妈看的!

> 我今天所有的光环和荣誉都是妈妈给我的,我要感谢我的妈妈。

成长 的礼物

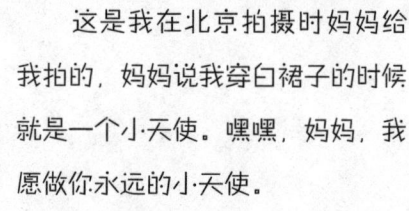

这是我在北京拍摄时妈妈给我拍的，妈妈说我穿白裙子的时候就是一个小天使。嘿嘿，妈妈，我愿做你永远的小天使。

这是在北京拍摄 MV 的现场设备。就是用这样的设备能拍出的漂亮 MV，是不是很神奇呀？

(女儿篇)

第二百零一个故事
DI ER BAI LING YI GE GU SHI

天使梦想助飞计划——走进唐山公益义演

　　我从十四个月大就开始登台演出，我喜欢舞台。但是今天的舞台有一些特别，因为这是一个由爱心汇聚而成的舞台，我作为这次活动的形象大使，肩负着传播爱心、传播正能量的任务。

　　为了这次演出，我准备了好多个节目。所以今天上午我早早就过来进行排练了。舞台总导演要求十分严格，一步一步地指导我的舞台走位。包括我在台上的一个眼神、一个动作，导演都要求我做到精益求精，把最好的一面展现给观众。偌大的舞台，我走了一遍又一遍。经过我不断地调整与努力，最后导演终于满意地点点头。我也开心地向导演比划出胜利的V字手。

　　下午2:30分，这场庄重又充满童真、精彩又充满意义的表演终于拉开了帷幕。我在台上偷偷望了一下观众席，哇！偌大的丰南剧院表演厅竟然座无虚席，台下的小朋友热情洋溢，每个人都怀揣着爱心和帮助他人的热心走进这个现场。开场时，主持人阿姨问我："世一小朋友，你喜不喜欢帮助别人？"我声音洪亮的回答："喜欢！""为什么喜欢帮助别人呀？""因为帮助别人很快乐！"听到我的回答大家都给予我热烈的掌声。接下来，我又为大家演唱了我的三首新歌曲《最美的妈妈》，这是献给所有慈爱的母亲的歌曲，我伴着悠扬的旋律，富有感情的演唱着。我想让大家从我的

歌声中体会到母亲的爱,让大家学会感恩。《云朵》是一首节奏欢快的歌曲,我和五幼的小朋友配合默契,边唱边跳,把演出气氛推向了高潮!最后我演唱的是《爱心无限》,我穿着漂亮的白裙子,缓缓的走上舞台。轻轻地吟唱着这首爱心之歌,爸爸和小侄还为我献上了鲜花!这一刻,我是最幸福、最骄傲的!

这次的演出更是邀请到了我的好朋友阿尔法哥哥和我最尊敬的李凯老师、以及著名导演赵星宇叔叔。阿尔法哥哥一出场就获得了满堂的喝彩!他一口气演唱了《闪闪的红星》《我爱北京天安门》等经典红歌。平时腼腆的阿尔法哥哥一亮起歌喉,仿佛就变了一个人,他在台上热情洋溢,天籁般的声音让人如痴如醉。不时与台下观众互动,引得大家阵阵欢呼!李凯老师也破例为大家演唱了两首由自己创作的歌曲《担当》《英雄情》,台下热烈的掌声和喝彩声不断!李凯老师唱完后,赵星宇叔叔也"毫不示弱",登台演唱了自己创作的歌曲《本命年》,深情的歌词、深沉的歌声让现场瞬间安静,再加上MV的感人情节,让现场观众的心灵都受到了触动。

活动最感人的环节是对爱心家庭的现场捐赠,这些因为种种原因不能上学的小朋友们,终于可以返回课堂好好的学习了。最后,大家一起启动了"天使梦想助飞计划"的启动仪,我希望爱心从唐山开始起飞。

希望大家都来关注公益事业,帮助有困难的小朋友。这样世界就会越来越美好!

我的感悟:

今天的演出让我感触很多,我在努力帮助像我一样有梦想的小伙伴们。我也非常感谢我的妈妈、我的老师、我的家人、我的小伙伴们,是你们为我搭建了舞台,是你们让我有了飞得更高更远的勇气,我永远爱你们!

天使梦想助飞计划全国公益巡回义演,通过巡回演出的形式呼吁社会关注少年儿童的梦想。以实际行动号召社会更多的去关注他们,帮助他们实现他们的梦想。

咨询热线:010-82044399 15811187558
活动官网:www.xingbaina.com
执行单位:北京星百纳国际演艺经纪有限公司

苏世一 公益形象大使

演出圆满成功，虽然这只是公益汇演的第一步，但却是一个完美的开端！演出之后我、阿尔法哥哥和主办单位星百纳的李总一起接受了采访，李总说，我们愿意用这种义演的形式去号召更多的人去帮助身边的孩子完成他们的梦想。同时也想将这些追逐梦想永不言败的孩子们的精神传递给更多的人。

这本书到这里就先告一段落了，但传递爱心的活动却没有结束。这次的公益演出仅仅是一个开始，我们要在全国10个城市，进行10场"天使梦想助飞计划全国公益演出活动"。我希望通过这样的演出，能够唤醒更多人的爱心，去帮助那些有困难的可爱的小天使们。我也会把演出中的点点滴滴再记录下来，请期待我下一本书的问世吧，谢谢大家！

后 记

亲爱的女儿：

　　宝贝女儿，妈妈知道你在追梦的道路上很辛苦，但你从来没有抱怨过，甚至在睡觉的时候都是面带微笑的。像你这么大年纪的孩子，都还依偎在妈妈的怀里撒娇，你却可以在只有老师的陪同下远赴北京去参加《超级演说家》节目比赛，妈妈真的以你为傲。都说女儿是妈妈的小棉袄，从你呱呱坠地的那天起，妈妈爱的重心就偏向了你。你来到这个世界上，感觉这一切都很陌生，于是你像个小青蛙似的，呱呱地哭得很厉害，当妈妈抱起你后，便不再哭了。也许你天生是个有人缘的孩子，很少哭闹，只要有人逗你，便咧开小嘴笑得很甜，所有来看你的人都说你太可爱了。

　　你知道吗？妈妈无数次看着你熟睡的样子，都忍不住狠狠亲你，那是一种无以言表的幸福的感觉。你的笑声成了我们家快乐的源泉，你是我们的开心果，听到你的笑声，妈妈再累也不觉得累，心里美滋滋的。

　　你是个有天赋的孩子，所以妈妈在你九个月大的时候给你报名去上课了。你知道吗？你的适应能力很强，跟一起上课的小朋友玩的很开心，天真无邪的笑容把妈妈的心都融化了。妈妈多想让你这一生都这么无忧无虑、快快乐乐的。你一天天长大，懂得的知识也越来越多，也越来越会关心别人，当我们说哪里不舒服时，你会立刻跑过来帮我们揉啊、捶啊，样子很可爱。

　　你十四个月大的时候就登台表演了，妈妈永远记得你第一次登台的样子，表演的大方又有礼貌。那时妈妈就暗自下决心，一定要帮你走上表演这条路，因为妈妈坚信，你就是这方面的天才。现在看来，妈妈为你铺设的这条路也是你非常喜欢的，这让妈妈非常的欣慰。你特别爱漂亮，每次上台表演的照片妈妈都珍藏着，等你长大了给你看看你小时候可爱的样子。或许等我老的时候，妈妈就不能记起很多的事情了，那时这些照片就是妈妈最珍贵的财富了。

妈妈喜欢你做什么都有"十万个为什么"精神，也会耐心地为你解答你的每一个问题，妈妈理解你那颗好奇的心，所以从不怪你因为好奇而犯的过错，这是成长必须经历的一个阶段。你爱好广泛，喜欢唱歌跳舞、喜欢骑马、喜欢打球、喜欢游泳、喜欢跆拳道、喜欢主持……无论你喜欢做什么，妈妈都支持你，只要你能开心就好。

妈妈喜欢带你去旅行，你就像丛林的精灵，喜欢亲近自然，妈妈想通过带你去四处旅行增长你的阅历。希望你能懂妈妈的苦心，在游玩中增长更多的知识。妈妈很期待你十岁的独自旅行啊，你肯定能带给我意想不到的惊喜！

现在你的成长速度远远超过了妈妈的想象，因为你认识了你人生的启明星——王琨老师。在王老师的指引下，你深深的爱上了"演说家"这个职业。看到你为了梦想，毫不犹豫的从火堆上走过的时候，我再也控制不住我的眼泪，这是幸福的泪水、骄傲的泪水。你曾经对妈妈说，你是为舞台而生的，妈妈相信经过努力，你的这个梦想会离你越来越近！

今天，看到你在台上出色的表演，妈妈又一次没有抑制住激动的泪水。你在妈妈心中就是阳光般的天使，让爱飞翔，大爱无疆！女儿，你要懂得责任和爱是我们每一个生活在幸福中的人都应该具有的意识，我们要为那些因为种种原因挣扎在梦想中、无法实现梦想的孩子们付出我们的努力和行动。此次公益活动的启程，预示着一个更大更宽广的舞台会呈现在你的面前，美好的未来在向你招手。妈妈感觉你现在就像振翅高飞的雏鹰，总有一天会翱翔在蔚蓝的天空，那是真正属于你的舞台！

非常感谢各位老师对苏世一的培养与照顾，没有你们辛勤的付出，也就没有她现在的成绩。苏世一以后的人生道路还很漫长，更加需要你们的指导与鞭策。在此真诚的对你们说一声："谢谢你们，辛苦了。"

最后，祝我女儿幸福快乐地长大，一生平安，在追梦的道路上越走越远。

爱你的妈妈：王芳
2014 年 7 月 6 日